Wer will, der kann!



POLARISE

Calvin Hollywood

# Wer will, der kann!

## Wie du deine Ziele schneller und einfacher erreichst

POLARISE

Ein Imprint der dpunkt.verlag GmbH
Wieblinger Weg 17
69123 Heidelberg
www.polarise.de

1. Auflage
Autor: Calvin Hollywood
Lektorat: Steffen Körber
Redakteur: Jessica Traupe
Korrektorat: Elena Kraus
Umschlaggestaltung: Fips & Foxy, www.fipsfoxy.de

Printed in Germany

ISBN (Buch) 978-3-947619-00-9
ISBN (PDF) 978-3-947619-01-6
ISBN (ePub) 978-3-947619-02-3
ISBN (Mobi) 978-3-947619-03-0



Bibliografische Information der Deutschen Nationalbibliothek: Die Deutsche Nationalbibliothek verzeichnet diese Publikation in der Deutschen Nationalbibliografie; detaillierte bibliografische Daten sind über http://dnb.de abrufbar.

# Inhalt

# 1

# Vorwort

# Wer zum Geier ist Calvin Hollywood?

Ja, wer zum Geier ist denn eigentlich dieser Calvin Hollywood? Ganz schön komischer Name, oder? Als ich mir damals den Namen ausgesucht habe, war mir überhaupt nicht klar, dass ihn mal so viele Menschen kennen würden.

Damals ... damit meine ich die Zeit, in der ich Ausbilder bei der Bundeswehr war. Irgendwann habe ich angefangen, zu fotografieren und meine Bilder zu retuschieren. Anfangs waren das überwiegend Action-Bilder im Stil von Kinoplakaten, auf denen teilweise auch Waffen zu sehen waren. Ich wollte auf keinen Fall, dass meine Rekruten mich googeln konnten und dabei erfahren, dass ihr Ausbilder in seiner Freizeit Bilder mit »Gewaltdarstellungen« und Spielzeugwaffen erstellt. Also musste ein Künstlername her.

Calvin war schon lange zuvor mein Spitzname aus dem ersten Englischunterricht. Ich brauchte also nur noch einen passenden Nachnamen. Und da kam mir »Hollywood« in den Sinn. Zum einen passte es zu meinem Bildstil, da ja die meisten Filme in Hollywood produziert werden, aber für mich steckte auch immer so ein bisschen der Traum »vom Tellerwäscher zum Millionär« darin.

Damals hatte ich noch überhaupt keine Vorstellung davon, was daraus werden würde. Dann ging aber alles ziemlich schnell. Adobe kontaktierte mich, zahlreiche Anfragen von Fotozeitschriften folgten – alle wollten wissen, wie der Typ mit dem Mannheimer Dialekt diese Bilder erstellt. Also fing ich an, Seminare und Workshops zu geben und für verschiedene Fotozeitschriften zu schreiben.

Etwa zu diesem Zeitpunkt, also circa 2006, habe ich dann auch eine Videobotschaft für meine Kinder aufgenommen, die damals erst ein Jahr alt waren. Ich kündigte an, irgendwann mit der Fotografie bekannt zu werden und viel Geld zu verdienen. Dieses Video findest du tatsächlich noch auf YouTube, wenn du nach »Wer will, der kann« suchst.

Ich war dann einige Jahre als Photoshop-Coach und Trainer unterwegs und schaffte es damit sogar in die USA, wo ich an der Kunsthochschule in New York unterrichtet habe oder auf den größten Events wie der *Photoshop World* in Las Vegas gebucht war.

Hier bin ich zum ersten Mal Referent auf der Photoshop World in Las Vegas.

2011 war ich mit meiner zehnjährigen Dienstzeit bei der Bundeswehr fertig und machte mich dann selbstständig. Inzwischen führe ich ein Unternehmen mit mehreren Mitarbeitern, welches Dienstleistungen und Coachings im Bereich Fotografie und Video anbietet, während ich selbst überwiegend als Coach und Speaker im Bereich Business und Persönlichkeitsentwicklung unterwegs bin.

Neben meinem Beruf gibt es eigentlich nur die Familie, die für mich schon immer an erster Stelle stand. Mit der Familie meine ich meine Frau Sunny und meine beiden Kinder – die Zwillinge Samira und Tion.

Meine Familie bedeutet alles für mich.

Bevor ich dir jetzt erkläre, warum ich das Buch geschrieben habe und wie du es am besten liest, möchte ich noch eine wichtige Sache klarstellen: Ich bin einfach nur ein Typ, der sein Ding durchgezogen hat und weiter durchzieht. Ich bin weder besser, noch schlechter als andere Menschen. Ich habe in bestimmten Dingen bloß einfach viel Erfahrung gesammelt, die ich in diesem Buch an dich weitergeben möchte.

## Warum ich das Buch schreibe

Der Grundimpuls für das Buch lag darin, mein Wissen an meine Kinder weiterzugeben. Verzeih mir daher bitte, dass ich in diesem Abschnitt meine Kinder direkt anspreche.

*Hey Samira, hey Tion,*

*ich will euch jetzt mal erklären, warum ich dieses Buch nicht geschrieben habe. Ich habe es nicht geschrieben, um damit bekannt zu werden. Wie ihr wisst, ist es bei uns fast schon ein Spiel, zu beobachten, wie oft ich jeden Tag erkannt werde. Deshalb wisst ihr auch, dass mich schon genug Menschen kennen, und es ist nicht mein Antrieb, noch bekannter zu werden.*

*Ich habe es auch nicht geschrieben, um damit reich zu werden und Geld zu verdienen. Auch da habt ihr schon mitbekommen, dass ich mit eigenen Videotrainings (von denen ich inzwischen über 150 auf den Markt gebracht habe) definitiv mehr verdiene. Darum ging es also auch nicht.*

*Ich habe das Buch geschrieben, weil ich euch und auch anderen Menschen dabei helfen will, dass ihr eure Ziele einfacher und schneller erreicht. Mit den Erfahrungen, die ich in den letzten Jahren gesammelt habe, ist das zu 100 Prozent möglich – davon bin ich ganz fest überzeugt.*

*Ich würde mir von euch beiden wünschen, dass ihr dieses Buch bis zum Ende lest. Am besten mehrfach, und immer wieder. Denn es kann ja sein, dass das, was ihr heute lest, noch keinen so großen Mehrwert bietet, aber in zwei Jahren plötzlich viel besser umsetzbar ist. Das Buch hat also kein Ablaufdatum – ihr könnt es auch noch in ein paar Jahren lesen. Das ist ganz wichtig.*

*Alles, was in diesem Buch steht, hat tatsächlich dafür gesorgt, dass wir so leben, wie wir gerade leben. Das, was im Buch steht, war der Grund. Egal, wie einfach das ein oder andere klingen mag. Ich gebe euch die Garantie: Wenn ihr euch an die Inhalte im Buch haltet, werdet ihr ganz sicher eure Ziele erreichen. Davon bin ich ganz fest überzeugt.*

*Wichtig ist, dass ihr immer mit den persönlichen Zielen anfangt. Später erst kommen Ziele, die auch damit zu tun haben, dass man vielleicht mehr Geld verdient oder Ähnliches. Aber die persönlichen Ziele kommen immer vor den wirtschaftlichen – das ist ganz wichtig!*

*Ganz ehrlich, ich kann selbst noch gar nicht glauben, dass es nun soweit ist und ihr dieses Buch endlich lesen könnt. Ich bekomme eine Gänsehaut dabei und bin extrem gespannt, was aus euch mal werden wird! Übrigens, was aus euch wird, entscheidet ihr ganz alleine, und nicht ich. Ich will einfach nur ein Vorbild für euch sein und auf euch aufpassen.*

*Ich liebe euch!*
*Euer Daddy*

Da dieses Buch aber neben meinen Kindern vermutlich noch mehr Menschen lesen, möchte ich allen anderen auch noch eine persönliche Message mit auf den Weg geben:

*Liebe Leserin, lieber Leser,*

*in diesem Buch will ich dir mein wertvollstes Wissen zur Verfügung stellen, welches ich mir im Laufe der letzten Jahre angeeignet habe – zum einen durch sehr viele Weiterbildungen und Bücher, vor allen Dingen aber auch durch viele praktische Erfahrungen. Ich bin keiner der Coaches, die nur damit Geld verdienen, anderen zu erklären, wie man Geld verdient. Ich komme aus der Fotografie, bin auch heute noch als Berufsfotograf tätig, habe inzwischen mein Unternehmen gegründet, jede Menge Aufträge im Bereich der Bildbearbeitung durchgeführt, und gebe als Coach mein Wissen und meine Erfahrungen weiter.*

*Ich bin ein Typ der Praxis, des Machens, allerdings nur dann, wenn es nicht allzu aufwendig oder kompliziert ist – da bin ich ganz ehrlich. Aus diesem Grund wirst du von mir in diesem Buch nur das bekommen, was ich für wirklich wichtig halte. Ich werde dich auf keinen Fall mit Wissen überhäufen oder allzu sehr ins Detail gehen.*

*In den letzten zehn Jahren habe ich laut meiner YouTube-Statistiken über einer Million Menschen Photoshop beigebracht. Und dabei habe ich mich immer nur auf das Wesentliche konzentriert und all das weggelassen, was ich für unwichtig hielt. Meiner Meinung nach bremst Komplexität Handlung aus. Ich zeige nur das Wichtigste, und du kannst dann selbst entscheiden, in welchen Bereichen du tiefer einsteigen möchtest beziehungsweise weitergehen willst.*

*Deshalb kommen hier und da vielleicht auch immer wieder mal Verweise zu weiteren Lektüren, die mir persönlich geholfen haben. Wenn du das Buch liest, dann bitte langsam und fokussiert – das rate ich dir nicht nur, nein, darum bitte ich dich. An jeder Stelle des Buches kann es »Klick machen« und du kommst zu einer wertvollen Idee oder triffst eine tolle Entscheidung, die alles verändern kann. Es spielt überhaupt keine Rolle, ob du den Inhalt des Buches schon mal irgendwo gehört hast, denn es zählt nicht, was du kennst, sondern nur, was du umsetzt.*

*Also: Fühle dich bei der ein oder anderen Sache nett daran erinnert, diesen Tipp vielleicht auch umzusetzen. Als Coach hat man nicht nur die Aufgabe, neues Wissen zu vermitteln, sondern es geht vielmehr darum, das Wissen, das bereits existiert, nochmal ins Bewusstsein zu rufen und die Person zur Umsetzung zu bewegen.*

*Ach, noch etwas: Solltest du den Inhalt des Buches nicht gut finden (was ich nicht hoffe und auch nicht glaube), dann kontaktiere mich bitte persönlich. Dann überlegen wir beide uns etwas, damit deine Zeit nicht verschwendet war. Das meine ich zu 100 Prozent ernst! Du darfst mir natürlich auch schreiben, wenn dir der Inhalt gefällt, wenn ich dir damit helfen konnte oder du dadurch jede Menge Inspiration bekommen hast. Melde dich gerne unter wwdk@calvinhollywood.de. Ich freue mich darauf!*

# Wer will, der kann – stimmt das wirklich?

»Du musst es dir nur fest vorstellen, dann wird alles zu dir kommen. Du musst es nur wirklich wollen, dann kannst du alles erreichen, was du möchtest.« Kennst du diese Sprüche und Floskeln vieler sogenannter Motivations-Coaches? »Wer will, der kann!« ist auch mein Motto, schließlich ist es ja auch der Titel dieses Buches. Allerdings ist es nur die Kurzversion von dem, was ich tatsächlich meine. Die etwas ausführlichere Version lautet:

---

**Wenn du bereit bist, den Willen dafür aufzubringen und dir das Wissen anzueignen, das nötig ist, um deine Ziele zu erreichen, dann kannst du das schaffen, was du erreichen möchtest.**

---

Die kritischen Geister unter Euch stellen sich nun bestimmt immer noch die Frage, ob wirklich jeder alles erreichen kann, egal wie schlau oder wie stark er ist und welche Voraussetzungen er sonst noch hat. Macht es denn keinen Unterschied, ob man schon viel Geld besitzt oder nicht? Ist es egal, ob man einflussreiche Menschen kennt oder nicht? Hat es keinen Einfluss, ob man eine gute Ausbildung durchlaufen hat oder nicht? Kann ich den Ironman auf Hawaii gewinnen, wenn ich mich nur genug anstrenge? Und was ist erst, wenn ich ein kaputtes Knie habe? Kann ich als Künstler durchstarten, auch wenn ich gar kein Talent besitze? Gibt es eine Garantie dafür, der neue Steve Jobs zu werden?

Auf diese Fragen kann ich nur antworten: Nein, vermutlich nicht – da bin ich ganz ehrlich. Einige Ziele sind einfach unrealistisch, viel zu hoch gesteckt oder sind in extremer Weise von Dingen abhängig, die man selbst gar nicht beeinflussen kann. Für manches Vorhaben braucht man einfach Glück. Und dazu gehört auch, wann man wo geboren wurde, wen man im Leben kennenlernt, wie die eigene Gesundheit mitspielt und viele weitere Faktoren.

Aber es geht hier nicht um Ziele, die äußerst unrealistisch sind oder sich überhaupt nicht erreichen lassen. Es geht um die Tatsache, dass wir uns oft viel zu niedrige Ziele stecken, weil wir in unserer sicheren Komfortzone bleiben und uns nicht das zutrauen, was wir eigentlich leisten können. Wir geben nicht wirklich alles, was nötig ist, um unsere Ziele zu verfolgen. Nochmal: Ich spreche hier von Zielen, die sich auch wirklich erreichen lassen. Ich bin überzeugt, dass jeder, der sich realistische persönliche und berufliche Ziele steckt, diese auch erreichen kann.

Wir müssen uns nur einmal klarmachen, in welcher Situation wir uns befinden. Es bieten sich uns so viele Möglichkeiten, uns selbst zu verwirklichen. Uns steht so viel Wissen zur Verfügung, das so einfach zugänglich geworden ist. Es ist beinahe schon unfair allen gegenüber, die deutlich früher auf die Welt gekommen sind als wir. Wir haben heute die Möglichkeit, mit diesem Wissen unsere persönlichen und wirtschaftlichen Ziele viel schneller und einfacher zu erreichen. Und mit diesem Buch möchte ich einen Teil dazu beitragen und dich dabei unterstützen.

## Wie du dieses Buch lesen solltest

Reden wir doch mal Klartext: Ich bin definitiv kein professioneller Buchautor, und eventuell verstoße ich in diesem Buch auch gegen einige Regeln des Schreibens. Ich war schon immer ein Typ, der gegen Regeln verstoßen hat. Allerdings nie aus purer Absicht, sondern weil ich schon immer mit den Dingen begonnen habe, ohne dass ich mich wirklich bereit gefühlt habe – und das ist vielleicht sogar schon einer meiner wichtigsten Tipps:

**Fange schon an, bevor du bereit bist.**

Also, je nachdem, was du von anderen Büchern so gewohnt bist, wird die Lektüre hier eventuell ein bisschen anders für dich werden. Aus diesem Grund möchte ich dir hier ein paar Tipps geben, wie du mit dem Buch am besten arbeitest.

Zuerst einmal das Wichtigste: Du brauchst dich hier nicht unbedingt an die Reihenfolge der Kapitel zu halten. Bei der Planung des Buches habe ich oft hin- und hergeschoben, um die Inhalte bestmöglich anzuordnen. Ich habe aber festgestellt, dass die meisten Kapitel ohnehin für sich alleine stehen. Aus diesem Grund kannst du gerne sofort in das eine oder andere Thema einsteigen, das dich brennender interessiert als die anderen.

**Du brauchst dich nicht an die Reihenfolge der Kapitel zu halten.**

Klar, es wäre sinnvoll, das Buch von vorne bis hinten zu lesen, damit man in den Lesefluss kommt, und auch, weil es immer mal wieder Verweise gibt. Aber wenn es für dich einfacher ist, dann schau dir bestimmte Themen gerne schon vorab an. Ziemlich am Ende des Buches erzähle ich dir übrigens von drei meiner heftigsten persönlichen Rückschläge, mit denen ich auf keinen Fall starten wollte. Falls du die Story zu den Rückschlägen und die daraus resultierenden Learnings zuerst lesen willst, um mich vielleicht als Person besser kennenzulernen, dann kannst du das direkt nach diesem Kapitel tun.

Ich möchte dir unbedingt empfehlen, dir beim Lesen Notizen zu machen. Dieses Buch ist quasi ein »Best of« meiner wertvollsten Erfahrungen und Learnings aus den letzten Jahren. Und aus diesem Grund hoffe ich natürlich, dass auch du wertvolle Learnings aus der Lektüre mitnehmen kannst. Am Ende des Buches findest du einige Seiten, auf denen du dir diese Learnings notieren kannst. Ich möchte dir wirklich ans Herz legen, sie zu nutzen.

---

**Notiere dir die wichtigsten Learnings am Ende des Buches.**

---

Für mich war es wichtig, alles immer recht schnell auf den Punkt zu bringen. Ich wollte kein Thema unnötig in die Länge ziehen, denn ich mag es effizient und einfach. Das hat dazu geführt, dass das Buch keine tiefgründige Lektüre geworden ist, die sich nur einem speziellen Thema widmet. Wenn du beim Lesen merkst, dass du in das ein oder andere Thema gerne tiefer einsteigen möchtest, dann vermerke dir das und suche dir anschließend die passenden weiterführenden Bücher und Weiterbildungsangebote dafür.

Da in dem Buch eine Menge an Erfahrungen und Tipps zusammengekommen sind, möchte ich dir empfehlen, dass du dir immer mal wieder Zeit nimmst, um darüber nachzudenken und die Inhalte zu verarbeiten. Überlege dir, ob diese Tipps für dich Sinn ergeben und wie oder in welchem Umfang du sie für dich übernehmen kannst.

---

**Denke zwischendrin immer mal wieder über die Inhalte nach.**

---

Bitte lies das Buch zu 100 Prozent fokussiert und ohne Ablenkung. So banal oder einfach der ein oder andere Tipp auch klingen mag – ich habe nur das aufgenommen, was für mich wirklich funktioniert und ich für extrem wichtig halte. Du liest hier das, was ich auch meinen Kindern weitergeben möchte und was dafür entscheidend war, dass ich heute da bin, wo ich bin.

---

**Lies das Buch zu 100 Prozent fokussiert und ohne Ablenkung.**

---

So, ich denke, das reicht jetzt erstmal. Vielen, vielen Dank für dein Vertrauen und viel Spaß und Erfolg beim Lesen!

# 2

# Mindset

Früher dachte ich immer, es zählen nur Taten – also das, was du machst. Aber vor jeder Tat existiert ja immer auch ein Gedanke. Und der bestimmt darüber, ob und wie du eine Sache machst. Die innere Einstellung ist auch entscheidend dafür, ob man etwas überhaupt in die Tat umsetzt und wie diszipliniert man dabei vorgeht. Das Mindset spielt oft eine Rolle, wenn man vor Herausforderungen gestellt wird. Sehe ich die Verantwortung bei anderen oder bei mir selbst? Suche ich in den entscheidenden Momenten Hilfe bei anderen? Wie gehe ich mit Rückschlägen und mit Ängsten um?

Bis etwa zu meinem 35. Lebensjahr war mir definitiv nicht bewusst, wie wichtig die innere Einstellung und das Mindset überhaupt sind. Erst als ich mich intensiver damit auseinandergesetzt und auch immer wieder darüber reflektiert habe, wurde mir das so richtig klar. Im Grunde sind die Gedanken und deine persönliche Einstellung das Fundament zu allem, was du später machst. Deshalb stelle ich mir immer wieder die Frage, weshalb man nicht viel mehr und viel bewusster auf seine Gedanken achtet.

## Verantwortung und Kontrolle

Als mein Sohn elf Jahre alt war, kam er eines Tages nach Hause und erzählte mir, dass er nachsitzen müsse. Was war geschehen? Er hatte eine Auseinandersetzung mit einem Mitschüler, die in einer Prügelei endete. Mein Sohn sagte mir, dass nicht er, sondern der andere Junge angefangen habe – und der andere trüge jetzt die Schuld dafür, dass beide nachsitzen mussten. Das fand mein Sohn unfair. Ich hatte daraufhin ein längeres Gespräch mit ihm, das ich gerne zum

Anlass nehmen möchte, um meine Gedanken zum Thema Verantwortung und Kontrolle zu vermitteln.

Ich sagte meinem Sohn, dass er niemals die Verantwortung abgeben dürfe und stets darauf achten solle, die Kontrolle über die Situation zu behalten. Ich erklärte ihm auch, dass man nichts mehr machen kann, sobald man die Verantwortung an einen anderen abgibt. Sobald man das nämlich tut, kann man nur noch hoffen, dass sich der andere ändert, damit eine Besserung der Situation eintritt. Wer die Schuld abgibt, übernimmt keine Verantwortung. Und wer keine Verantwortung übernimmt, hat keine Möglichkeit, die Situation zu kontrollieren, in der er sich befindet.

---

**Nur wenn du Verantwortung übernimmst, kannst du auch etwas ändern.**

---

Viele Menschen empfinden das Wort »Kontrolle« als negativ. Aber wer die Kontrolle über eine Situation abgibt, findet sich automatisch in einer Art Hilflosigkeit wieder. Ich habe vor einigen Jahren mal ein Buch gelesen, in dem der US-Amerikaner Grant Cardone von einem Stromausfall erzählt, der vor einigen Jahren stattfand und ihn viel Geld kostete. Mehrere Tage bestand in weiten Teilen der USA keine Chance, einen Computer einzuschalten. Seine Frau versuchte, ihn zu trösten, indem sie ihm versicherte, dass er dafür nichts könne. Aber Grant Cardone erwiderte, dass er selbst schuld sei. Seine Frau verstand das nicht und fragte, »Wie kannst du denn selbst schuld sein? Es war ein Unwetter! Du kannst doch nichts für einen Stromausfall.« Er antwortete: »Doch. Wie kann ich in einem Land leben, in dem so etwas möglich ist, und keinen

Generator im Keller haben?« Er hat sich daraufhin einen Generator gekauft, damit er einen Plan B hat, falls so etwas noch einmal passiert. Durch den Kauf des Generators hat er also wieder die Kontrolle über eine Situation übernommen.

Dieses Beispiel hat mir damals gezeigt, wie man Verantwortung für etwas übernehmen kann. Ein Plan B oder ausreichend Wissen über eine Situation sorgt für mich immer für Kontrolle. Übung ist auch etwas, das für Kontrolle sorgt. Je häufiger du etwas trainierst, desto erfahrener wirst du darin, sodass du es besser kontrollieren kannst. Das kennen wir zum Beispiel vom Autofahren: Wenn du schon seit vielen Jahren fährst, verlierst du nicht so schnell die Kontrolle, wie du es vielleicht als Anfänger tun würdest.

---

**Wissen, Vorbereitung und ein Plan B sorgen für Kontrolle.**

---

Es gibt so viele Menschen, die ständig Ausreden suchen, aber leider nicht so viele Menschen, die sich auf die Suche nach den Lösungen machen. Gehöre nicht zu den Menschen, die sich durch Ausreden ins Aus reden!

Ich habe mir Folgendes angewöhnt: Wenn mal wieder etwas nicht klappt, dann suche ich auf keinen Fall nach Ausflüchten, sondern nach Möglichkeiten, um die Situation in den Griff zu bekommen. Das bedeutet, dass es meine Schuld ist, wenn ich mich erkälte, und nicht die des Regens. Ich hätte mir ja den Wetterbericht anschauen und mich besser anziehen können. Wenn ich ein Seminar nicht voll bekomme, dann war es meine Schuld, und es liegt nicht daran, dass gerade Ferienzeit ist. Denn sobald ich die Schuld an das Wetter oder die Ferien abgebe, kann ich nur hoffen, dass der Regen oder die Ferien aufhören. Das lässt mir keine Macht, die Situation zu kontrollieren und zu ändern. Genau aus diesem Grund erlaube ich es mir nicht, nach Ausreden zu suchen. Stattdessen suche ich nach Möglichkeiten und Antworten, die mir helfen, die Situation, die gerade eingetroffen ist, zu verbessern. Für mich bedeutet das, Verantwortung zu übernehmen.

---

**Suche keine Ausreden, sondern übernimm Verantwortung!**

---

In dem Wort »Verantwortung« steckt sogar schon das Wort »Antwort« – und genau darum geht es: nach Antworten und Möglichkeiten zu suchen. Überlege dir gerne jetzt gleich, wofür du genau in diesem Moment die Verantwortung übernehmen willst, um deine aktuelle Situation zu verändern, zu verbessern oder zu optimieren.

## Umgang mit Rückschlägen

2001 wurde bei mir ein bösartiger Tumor diagnostiziert. Es handelte sich dabei um eine seltene Art von Muskelkrebs, an der meine Oma damals verstarb. Und ich würde schon sagen, dass dies ein heftiger Rückschlag für mich war. Ein weiterer Rückschlag folgte 2010, als ich ein Einreiseverbot für die USA bekam, weil ich ein Visum vergessen hatte (welches ich übrigens bei den fünf vorherigen Besuchen nie brauchte). Auch das Jahr 2014 bescherte mir einen Rückschlag, denn damals wollte das Finanzamt von mir eine Summe, die ich selbst dann nicht hätte aufbringen können, wenn sie eine Null weniger gehabt hätte. Mehr über diese Rückschläge erfährst du übrigens im Kapitel »Heftige Rückschläge«, das sich ziemlich am Ende des Buches befindet.

Du siehst, ich hatte schon wirklich derbe Rückschläge, welche mich von einer Sekunde auf die andere ins Hier und Jetzt geholt und mit einem Schlag meine Pläne für die Zukunft über den Haufen geworfen haben. Das tut richtig weh, und in dem Moment, in dem dir das passiert, helfen auch keine Tipps. Ich habe gelernt, dass du in so einem Moment alles einfach nur ertragen und aushalten musst.

Wenn wir zurückblicken, sehen wir, dass wir die Rückschläge in den jeweiligen Momenten keinesfalls als positiv wahrgenommen hatten. Trotzdem bin ich heute froh über all diese Herausforderungen und Prüfungen. Nachträglich sind sie das Beste, was mir passieren konnte. Man kann jeden Rückschlag als Chance sehen, zu zeigen, aus welchem Holz man ist. Es ist die beste Möglichkeit und größte Chance, zu wachsen.

---

**Rückschläge sind im ersten Moment immer bitter, bieten dir aber die Chance, persönlich zu wachsen.**

---

Gleichzeitig solltest du immer im Hinterkopf behalten, dass jeder Mensch Rückschläge hat. Manche sprechen vielleicht nicht darüber, aber sie haben sie trotzdem. Wenn du in die sozialen Medien schaust, wirst du immer von den Erfolgen anderer lesen. Keiner postet auf Instagram, was er vergeigt hat oder was schlecht war. Die Erfolgstrainer berichten, wie du erfolgreich wirst. Wer redet schon gerne über Rückschläge? Das könnte ja dem Image schaden! Aber glaube mir: Jeder hat sie. Das Einzige, was du ständig liest, ist, dass du auch Fehler machen und daraus lernen musst. Aber das Gesellschaftsbild ist leider so, dass man immer denkt, bei anderen liefe alles. Nein, das tut es nicht – die Probleme werden einfach nicht erwähnt!

Es gibt viele Menschen da draußen, die mit sehr großen Rückschlägen klarkommen. Warum solltest du das nicht auch schaffen? Wenn du also das nächste Mal einen kleinen Rückschlag hast, bei dem dir das Leben zeigt, dass es auch gemein sein kann, dann frage dich, ob es nicht Menschen gibt, die schon Gemeineres erfahren und es trotzdem geschafft haben. Und mache dir bewusst, dass du das auch kannst!

---

**Mache dir klar, dass jeder Rückschläge erlebt und dass sich fast alles meistern lässt.**

---

Wenn es dich dann mal wieder erwischt, solltest du auf keinen Fall in die Vergangenheit schauen, sondern in die Zukunft. Ich habe mir angewöhnt, zuerst in der Gegenwart kurz den Rückschlag und den Schmerz zu akzeptieren, dann aber den Blick ganz schnell in die Zukunft zu richten. Und erst, wenn alles erledigt ist, schaue ich in die Vergangenheit und frage mich, wie das alles überhaupt passieren konnte. Aber bleibe nicht zu lange in der Vergangenheit. Ein kurzer Sprung zurück, um Fehler zu finden, die du in der Zukunft vermeiden kannst, reicht aus. Die Lösung liegt in dem, was kommt. Die Vergangenheit lässt sich schließlich nicht mehr ändern. Frage dich, was das Beste ist, das du jetzt gerade, in dieser Situation, machen kannst. Es gibt hierfür auch den tollen Spruch: Wenn dir das Wasser mal bis zum Hals steht, dann lasse auf keinen Fall den Kopf hängen.

**Vergeude keine Zeit mit dem Blick in die Vergangenheit, sondern richte deinen Fokus auf die Zukunft.**

Ich habe mir sogar angewöhnt, mit dem Rückschlag zu reden. Ich weiß, dass das ein wenig verrückt klingt. Aber sage dem Rückschlag einfach mal laut und deutlich: »Hey, sorry Buddy, aber bei mir wirst du heute keine Chance haben! Du willst mich kleinkriegen? Nun, das wirst du nicht schaffen, denn dafür bin ich einfach zu stark!« Das ist das, was ich immer mache: Ich rede es mir genau so ein und beweise der Situation, dass ich einfach zu stark dafür bin.

Falls ich nicht so stark sein sollte, brauche ich natürlich Hilfe. Aber weißt du, was die meisten Menschen machen, die ein Problem haben? Sie suchen sich Menschen, die sie bemitleiden und ihnen bestätigen, wie schlimm das Ganze ist. Das hilft aber leider nicht! Suche dir in solchen Fällen unbedingt Hilfe, aber nicht von Menschen, die dich bemitleiden, sondern von Menschen, die dich motivieren!

**Suche kein Mitleid, sondern Motivation.**

Rückschläge können widerlich sein. Man hat oft das Gefühl, dass man da nicht mehr herauskommt. Doch schaue jetzt ausnahmsweise mal in die Vergangenheit. Wie oft bist du denn schon aus einer blöden Situation herausgekommen? Wie oft haben andere Menschen aus deinem Bekanntenkreis schon

Rückschläge überstanden? Und ganz ehrlich: Die krassesten Rückschläge sind meistens die wertvollsten Erfahrungen. Im Amerikanischen gibt es ein Sprichwort, das besagt, dass ein richtig heftiger Rückschlag oftmals ein unfairer Vorteil ist.

---

**Krasse Rückschläge sind unfaire Vorteile.**

---

Ich habe dir hier ganz offen von meinen persönlichen Rückschlägen berichtet. Und weißt du, was? Ich sehe all das wirklich als einen unfairen Vorteil allen Menschen gegenüber, die diese nicht hatten. Denn leider muss oft erstmal etwas passieren, damit sich etwas verändert. Ich wünsche keinem diesen unfairen Vorteil, aber ich wünsche jedem, dass er ab und zu mal ein paar Schritte zurückfällt. Manchmal muss einem genau das passieren, damit man eine Situation besser beurteilen kann.

## Nur wer Angst hat, kann mutig sein

2009 stand ich vor der *School of Visual Arts* in New York. An diesem Tag ging es für mich um alles. Ich wurde von Katrin Eismann eingeladen, die ich ein paar Monate zuvor angeschrieben hatte. Ich hatte sie um einen Tipp gebeten, wie ich es schaffen könnte, auf die *Photoshop World*, das größte Event zum Thema Bildbearbeitung in Las Vegas, als Referent eingeladen zu werden. Sie sagte zu mir: »Wenn du bei mir an der Schule vorbeikommst, stelle ich dir 40 Studenten zur Verfügung, setze mich mit ihnen eine Stunde in einen deiner Vorträge und gebe dir danach Feedback, ob du gut genug bist. Und wenn du gut genug bist, empfehle ich dich gerne als Referent für dieses Event.«

Glücklich in New York – schließlich geht es um meine Zukunft.

So stand ich also vor dieser Schule und hatte unglaubliche Angst. Ich wollte nicht hineingehen, weil die Angst einfach zu groß war. Um es vorweg zu nehmen: Ich bin an diesem Tag hineingegangen. Wäre ich nicht hineingegangen … tja, dann wäre ich wohl für mich selbst noch für viele Jahre ein Angsthase geblieben. Ich hätte eine Chance nicht genutzt. Dadurch, dass ich die Schule betreten habe, konnte ich Mut beweisen. Was wäre aber passiert, wenn ich keine Angst gehabt hätte und hineingegangen wäre? Dann wäre ich nicht mutig gewesen. Daher ist Angst für mich etwas extrem Wertvolles, denn nur wer Angst hat, kann auch Mut beweisen.

**Angst zu haben, ist keine Schande. Im Gegenteil: Sie bietet dir die Möglichkeit, Mut zu beweisen.**

Die kleine Schwester der Angst ist die Komfortzone. Auch das ist ein unglaublich wichtiger Punkt, den ich regelmäßig empfehle: Verlasse deine Komfortzone! Denn dabei findet in der Regel das größte Wachstum statt. Wir kennen das aus dem Fitnessstudio: In dem Moment, in dem es unbequem und ungewohnt wird oder schmerzt, genau dann findet das Wachstum statt. Die meisten Menschen hören dann schon wieder auf, die Hantel zu stemmen. Aber genau hier muss man weitermachen. Und so wie im Fitnessstudio die Muskeln wachsen, wenn du deine Komfortzone verlässt, so wächst auch deine Persönlichkeit, wenn du im Alltag immer wieder deine Komfortzone verlässt. Ich höre jetzt schon viele sagen: »Aber Calvin, das ist doch gar nicht so einfach!« Das stimmt. **Aber wenn es einfach wäre, würde es ja jeder machen!**

**Verlasse regelmäßig deine Komfortzone, damit du dich persönlich weiterentwickeln kannst.**

Trainiere das Verlassen deiner Komfortzone regelmäßig mit Aufgaben. Etwas, das ich mindestens einmal im Jahr mache, ist meine Liegestütz-Challenge. Mach doch einfach mal 10.000 Liegestütze in einem Monat – oder auch gerne 10.000 Kniebeugen. Jetzt wirst du vielleicht denken: »Oh mein Gott! 10.000? Das ist aber viel, das schaffe ich niemals!« Aber wenn du es herunterrechnest, sind es etwa 330 Liegestütze pro Tag.

Und wenn du zehn Stunden zur Verfügung hast, sind es gerade mal 33 Stück in der Stunde. Das ist gar nicht so viel, aber es ist ein Verlassen der Komfortzone. Es nervt, es schmerzt und du hast irgendwann keine Lust mehr. Aber für mich ist das ein Training des Willens.

Mit Liegestütze überwindest du nicht nur deine Komfortzone, sondern du trainierst damit auch gleich deinen Körper.

Wenn man immer nur auf die Dinge reagiert, die auf einen zukommen, verlässt man sehr selten seinen Wohlfühlbereich, denn sie wiederholen sich tagtäglich, sodass man an sie gewöhnt ist. Es ist kein Verlassen der Komfortzone. Reagiere nicht nur, sondern agiere. Suche die Aktion, suche die Veränderung, sei offen dafür. Und wenn dann die große Schwester, die Angst, kommt, genieße sie. Sei dir der Angst bewusst und rede mit ihr. Ich finde, Angst zu haben und sich ihr zu stellen, ist eine sehr große Stärke.

Noch ein paar Tipps aus eigener Erfahrung. Es gibt Ängste, die sich relativ einfach reduzieren lassen. Dazu zählt zum Beispiel Unwissenheit. Unwissenheit ist etwas, das oftmals für Ängste sorgt und sich ganz einfach durch Vorbereitung und Weiterbildung vermeiden lässt. Wenn also in deinem Leben etwas ansteht, vor dem du Angst hast, kannst du diese Angst oft einfach durch Wissen reduzieren – indem du recherchierst, Informationen einholst und dich auf die Situation vorbereitest.

---

**Unsicherheit lässt sich durch Vorbereitung vermeiden.**

---

Bei mir war das anfangs vor einem Auftritt so, wenn ich auf die Bühne musste. Da hatte ich eine ganz große Unwissenheit, die für Angst gesorgt hat. Ich wusste nicht, wer da überhaupt sitzt und wie diese Menschen meinen Vortrag finden. Wie ist es vor Ort? Werde ich den Vortrag komplett auswendig können? Dann habe ich mir viele Informationen eingeholt, zum Beispiel darüber, wer den Vortrag besucht und wie die Gegebenheiten vor Ort sind. Und ich habe mich sehr gut vorbereitet, so dass ich die Inhalte sehr souverän vortragen konnte.

Anschließend bin ich zum nächsten Punkt übergegangen, der oft ebenfalls für eine Reduzierung der Angst sorgt: Planung und Struktur. Planlose Menschen, die nicht wissen, was als Nächstes passiert, haben oft Ängste (und Stress – aber das ist ein anderes Thema, auf das ich im nächsten Abschnitt eingehe). Deshalb kann ich dir nur empfehlen: Wenn du deine Angst vermeiden oder reduzieren willst, dann schau doch mal, ob dir dies durch bessere Planung und Struktur gelingt. Daher solltest du – egal, was du tust – immer bestens vorbereitet sein. Du solltest strukturiert und organisiert vorgehen, dich stets weiterbilden und dir von anderen Personen, die gegebenenfalls mehr Informationen haben, das Wissen einholen, das du brauchst, um deine eigene Angst zu reduzieren. Das hat bei mir sehr oft funktioniert.

---

**Planung und Struktur helfen dir dabei, Ängste zu reduzieren.**

---

Um noch einmal auf die *School of Visual Arts* zurückzukommen: Ich hatte das Gebäude betreten und dort meinen Vortrag vor Katrin Eismann und den 40 Studenten gehalten. Ich habe sie damit überzeugt, weil ich gut vorbereitet war. Wie ich das gemacht habe? Ganz einfach: Ich habe mir Informationen geholt, habe meinen Vortrag in englischer Sprache geübt und intensiv Vokabeln gelernt. Das war der Grund, weshalb ich die Angst bezwingen konnte. Und was soll ich sagen? Es hat sich gelohnt, denn ich bin als erster deutscher Referent auf der *Photoshop World* in Las Vegas gelandet.

Also: Versuche, deine Ängste zu reduzieren, indem du dich gut vorbereitest. Rechne aber nicht damit, dass sich die Angst komplett vermeiden lässt. Und merke dir: Angst zu haben, ist nicht schlimm, denn nur wer Angst hat, kann mutig sein!

## Negatives Denken ablegen

Stelle dir doch mal selbst die Frage, ob du nicht auch ab und zu negativ denkst. Siehst du in verschiedenen Situationen vielleicht nur das eine oder andere Problem? Ärgerst du dich schnell über Kleinigkeiten? Dabei musst du wirklich ehrlich zu dir selbst sein. Es bringt überhaupt nichts, das wegzureden. Wenn man auch seine Persönlichkeit entwickeln möchte, muss man etwas härter mit sich selbst ins Gericht gehen.

Bei mir war es zum Beispiel früher oft so, dass ich mir schnell Vorurteile erlaubt habe, wenn ich Personen getroffen habe. Das ist meiner Meinung nach eine schlechte Einstellung. Ohne eine Person zu kennen, sollte man nicht urteilen, denn man tut ihnen meist Unrecht damit. Ich habe auch sehr schnell in Dingen nur die Probleme und das, was ich nicht so toll fand, gesucht und in den Fokus gerückt. Auch das ist eine schlechte Einstellung.

Im Englischen gibt es den Spruch: »Where focus goes, energy flows.« Das bedeutet, dass wir die eigene Energie darauf lenken, worauf wir uns konzentrieren und fokussieren. Deshalb sollten wir uns keinesfalls auf die Probleme oder die negativen Dinge fokussieren. Fokussieren wir uns stattdessen auf die positiven Dinge, bündeln wir unsere gesamte Energie darauf.

Eine Strategie, von der ich mal in einem Buch gelesen habe, hilft mir dabei. Als Grundlage dient dabei ein Armband. Jedes Mal, wenn man sich tagsüber dabei erwischt, negativ zu denken oder ein schlechtes Mindset zu haben, soll man dieses Armband von einem Arm an den anderen machen. Durch diese Handlung wird einem bewusst, dass man etwas Negatives gedacht hat. So kann man die negativen Gedanken mit der Zeit unterbinden – weil man immer wieder daran erinnert wird. Das ist wirklich eine sehr spannende Strategie, die du gerne mal ausprobieren kannst.

## Wie du dich motivierst

Wusstest du, dass ich jemand bin, dem es oft an Motivation fehlt? Ja, das ist wirklich so. Aber im Gegensatz zu vielen anderen habe ich Wege gefunden, um mich selbst zu motivieren. Diese Wege funktionieren wirklich gut, und ich möchte sie jetzt mit dir teilen. Aber zuerst sollten wir noch klären, was denn Motivation überhaupt bedeutet: Motivation bedeutet für mich Handlungsbereitschaft, Antrieb und »In-Bewegung-kommen«. Um das etwas zu verdeutlichen, möchte ich auf ein Beispiel aus der Fotografie zurückgreifen:

Nehmen wir einmal einen Landschaftsfotografen. Dieser ist weniger motiviert, wenn er vor die Tür geht und bloß hofft, ein gutes Motiv zu finden. Hat er aber schon ein festes Motiv vor Augen, ist er oft bereit, mehrere hundert oder tausend Kilometer in Kauf zu nehmen und früh aufzustehen, um es vor die Linse zu bekommen. Je stärker und klarer das Motiv, desto eher folgt die Aktion.

---

**Suche dir ein Motiv, das dich zur Handlung treibt.**

---

So ist es nicht nur in der Fotografie. Das Motiv ist oft das Warum. Deshalb solltest du dich auch fragen, ob du sowohl bei den wirtschaftlichen als auch bei den persönlichen Dingen, die du tust, dein Warum kennst. Wenn das so ist und das Warum auch sehr stark ist, dann spricht man von der intrinsischen Motivation. Du brauchst also keinen äußeren Einfluss, um aktiv zu werden. Mein Warum ist die Anerkennung, und das war mir über viele Jahre nicht wirklich bewusst. Aber das ist es, was mich antreibt.

Was ist aber, wenn du dein Warum noch nicht wirklich kennst oder es nicht stark genug ist? Dann kannst du auf die extrinsische Motivation zurückgreifen. Das ist Motivation, die von außen kommt. Das kann in Form von Musik, Bildern, Belohnungen oder anderen Personen geschehen. Ich wollte zum Beispiel jahrelang abnehmen. Mein damaliges Warum war »einfach schöner aussehen«. Aber das war nicht stark genug, weshalb ich es auch nie geschafft habe. Also habe ich nach der extrinsischen Motivation gesucht, die in dem Fall mein Personal Trainer war. Dazu kamen viele Bilder und Videos von Athleten, die ich mir auf dem Handy abgespeichert habe. Mit dieser Kombination hat es dann geklappt.

---

**Wenn dein Warum nicht stark genug ist, kannst du auf die extrinsische Motivation zurückgreifen.**

---

Hier noch ein paar konkrete Tipps für die extrinsische Motivation: Erstelle dir zunächst eine Motivationsbibliothek. Ich habe mir zum Beispiel verschiedene Playlists mit Fitness-Motivationsvideos bei YouTube angelegt. Außerdem nutze ich den Musikdienst Spotify, bei dem ich ebenfalls eine Playlist für die Motivation habe. Dort sind solche Songs wie »Eye of the Tiger« aus den Rocky-Filmen gespeichert – das wirkt auf mich sehr motivierend. Auch in den sozialen Medien findest du sicher jede Menge Motivation. Ich folgte damals vielen Fitnessathleten, die ständig ihre Selfies mit freiem Oberkörper gepostet haben – das hat mich ebenfalls sehr motiviert.

Schaue auch, dass du dich im richtigen Umfeld bewegst. Wenn du sportlicher sein möchtest, solltest du dich mit sportlichen Menschen umgeben. Wenn du mehr verdienen möchtest, solltest du Zeit mit Menschen verbringen, die selbst mehr verdienen. Achte also darauf, mit wem du dich abgibst und welche Veranstaltungen du besuchst.

---

**Begib dich in ein Umfeld, das dich motiviert.**

---

Manchmal gibt es auch Tätigkeiten, die überhaupt keinen Spaß machen, die man aber durchführen muss. Für diese Aufgaben habe ich eine Strategie entwickelt, die ich das »Kinderriegel-Prinzip« nenne. Ich musste zum Beispiel in meiner Zeit als Fotograf sehr oft Bilder freistellen. Das ist eine Tätigkeit, die mal zehn Minuten, manchmal aber auch gut und gerne 45 Minuten dauern kann, und mir überhaupt keinen Spaß macht. Eines Tages habe ich dann beschlossen, nur bei dieser Tätigkeit Kinderriegel essen zu dürfen. Keine Sorge, heute ist es kein Kinderriegel mehr. Aber was passierte, war sehr spannend: Ich habe mich plötzlich gefreut, wenn ich ein Bild freistellen musste, weil ich dann Kinderriegel essen durfte. Das bedeutet, dass die unangenehme Hauptaufgabe eigentlich eher zur Nebentätigkeit wurde. Das ging soweit, dass ich aktiv nach Bildern suchte, die ich auch noch freistellen konnte.

Suche dir also eine Belohnung für ungeliebte Tätigkeiten. Wichtig ist, dass du wirklich nur zu dieser einen Tätigkeit die Belohnung bekommst. Ob es sich bei der Belohnung um Essen, ein besonderes Getränk, Musik oder etwas völlig anderes handelt, ist eigentlich egal. Die Hauptsache ist, dass sie dich motiviert.

---

**Finde deinen Kinderriegel und mache so die unangenehme Tätigkeit zur Nebensache.**

---

Ich habe auch noch einen anderen Gedanken für dich, der vielleicht etwas spezieller ist. Ich motiviere mich sehr oft, wenn ich die Motivation nicht unbedingt brauche. Ich möchte dir das kurz erklären: Nehmen wir mal an, ich habe eine Musik-Playlist, die mich zu 50 Prozent motiviert. Wenn ich diese Playlist dann höre, wenn ich vielleicht nur zu 20 Prozent motiviert bin, steigt meine Motivation durch das Hören auf 70 Prozent. Was würde aber passieren, wenn ich vor einer Tätigkeit, bei der ich vielleicht zu 60 oder 70 Prozent motiviert bin, diese Playlist anhöre? Dann steigt meine Leistung auf 100 Prozent. Motiviere dich also nicht nur dann, wenn deine Motivation auf dem Nullpunkt ist, sondern auch dann, wenn du sie nicht unbedingt brauchst, und du wirst zu Höchstleistungen fähig sein.

## Disziplin

Hast du schon mal eine Person, die dir sehr nahe steht, gefragt, was deine beste und stärkste Eigenschaft ist? Ich habe meine Frau gefragt: »Schatz, worin bin ich der Beste? Was kann ich, von dem du sagen würdest, dass andere es definitiv nicht so gut können?« Als Antwort kam wie aus der Pistole geschossen: »Disziplin«.

Was bedeutet Disziplin überhaupt? Meiner Erfahrung nach lässt sich das mit der Formel »Disziplin = Willensstärke + Fokus« erklären. Willensstärke bedeutet für mich, zu gewissen Dingen Nein zu sagen. Zum Beispiel Nein zum Aufgeben, oder Nein zu Ablenkungen oder Versuchungen.

---

**Disziplin = Willensstärke + Fokus**

---

Ich kenne sehr viele Menschen, die unglaublich schnell motiviert sind. Sie sind motiviert, etwas zu unternehmen oder sich etwas anzueignen. Sie haben aber keine Willensstärke, zu gewissen Dingen Nein zu sagen, damit sie diese Vorhaben auch wirklich durchführen können. So sehr du motiviert bist, wird es doch immer wieder etwas geben, das dich aufhalten möchte – Ablenkungen, Versuchungen und Ähnliches. Hier gilt es, einen Willen zu entwickeln, der stark genug ist, diese Ablenkungen zu vermeiden. Wenn du das schaffst, bekommst du den Fokus. Und dann hast du deine Disziplin.

---

**Willensstärke bedeutet auch, Nein sagen zu können.**

---

Die gute Nachricht ist: Willenskraft lässt sich definitiv trainieren. Ich mache das zum Beispiel immer wieder mal mit verschiedenen Projekten. Wie du schon weißt, habe ich mir schon oft das Ziel gesetzt, 10.000 Liegestütze in einem Monat zu machen. Diese regelmäßigen Liegestütze, auf die man eigentlich keine Lust hat, weil man ja noch so viele andere Dinge zu tun hat, sind ein perfektes Training für deinen Willen. Du musst es ja nicht mit zehntausend Stück machen, es lässt sich auch mit etwas weniger realisieren, oder mit einem ganz anderen Projekt.

Mache doch zum Beispiel mal jeden Tag ein Video von einer Minute Länge, in dem du darüber berichtest, was an dem heutigen Tag passiert ist. Das klingt im ersten Moment vielleicht sehr einfach. Aber wenn du das jeden Tag über einen längeren Zeitraum machen musst, wirst du merken, dass du Willensstärke brauchst, um dich abends hinzusetzen, auch wenn du keine Lust mehr hast, noch dieses Video aufzunehmen. Du würdest vielleicht lieber ins Bett gehen. Und genau mit solchen Kleinigkeiten trainierst du deinen Willen. Ich sage mir dann immer Folgendes: »Calvin, wenn du es noch nicht mal schaffst, jeden Abend ein einminütiges Video aufzunehmen, wie willst du dann große Ziele erreichen?« Und das motiviert mich enorm.

**Trainiere deine Willensstärke immer wieder mit unterschiedlichen Projekten.**

Eine weitere Möglichkeit, deine Disziplin zu trainieren, besteht darin, dir selbst Regeln zu geben. Das ist quasi eine schriftliche Hausordnung für deine Projekte oder für deinen kompletten Alltag. Aber denke daran, du musst auch etwas finden, das negative Konsequenzen für dich hat, wenn du die Regeln nicht einhältst. Du kennst das ja von der Gesetzgebung: In dem Moment, in dem wir Gesetze und Regeln haben, bringen wir oft die Disziplin und den Fokus auf, uns daran zu halten, auch wenn wir nicht immer Lust darauf haben.

**Formuliere Regeln für deinen Alltag.**

Disziplin lässt sich auch aufbauen, wenn man ein gesundes Wettbewerbsdenken gegenüber einer anderen Person hat. Ich habe zum Beispiel einen guten Freund, mit dem ich mich immer wieder über das Thema Ernährung austausche, und nach jedem Gespräch entwickle ich die Willensstärke, zum nächsten Eis Nein zu sagen.

**Ziehe Disziplin aus Wettbewerbsdenken.**

Ein Gedanke noch zum Schluss: Gib nicht auf, aber ruhe dich auch mal aus. Als ich noch jünger war und im Verein Basketball gespielt habe, war es immer mein Ziel, einen »Dunking« zu schaffen. Das ist ein Sprung zum Korb, bei dem man im Anschluss den Ball in den Korb hineinschmettert. Das habe ich immer und immer wieder versucht, bin aber immer und immer wieder gescheitert. Meine Disziplin, beziehungsweise mein Wille, sagte mir: »Gib nicht auf! Probiere es weiter!« Aber je öfter ich es versucht habe, desto müder bin ich geworden, was wiederum dazu geführt hat, dass ich es definitiv nicht schaffen konnte. Aus diesem Grund kann ich dir nur raten: Ruhe dich hin und wieder mal aus und mache einen oder zwei Tage Pause. Gönne deinem Körper und deinem Geist etwas Erholung, und gehe es dann noch einmal an. Das hat nichts mit Aufgeben zu tun – es ist nur eine kurze Pause, die man hin und wieder benötigt.

**Gönne dir hin und wieder Pausen, aber gib nie auf!**

## Medienkonsum

Ich möchte diesmal direkt mit der Tür ins Haus fallen: Es ist tatsächlich so, dass ich mich kaum noch mit Politik befasse und so gut wie keine Medien konsumiere. Ich schaue beispielsweise kaum fern. Aber bevor du mich jetzt in eine Schublade steckst, die nicht unbedingt positiv ist, will ich dir erklären, was es damit auf sich hat: Ich kenne die heutige Sicht, mit sehr geringem Medienkonsum, und ich kenne auch die Seite von damals, als es als Ausbilder bei der Bundeswehr durchaus auch zu meinen Pflichten gehörte, politisch informiert zu sein und als ich mir zum Abschalten auch mal die eine oder andere Unterhaltungsshow angesehen habe.

Was denkst du, wann ich mich besser gefühlt habe? Früher, als ich mich politisch auskannte und wusste, was in der Unterhaltungsindustrie abläuft, oder heute? Ich würde behaupten, dass ich mich heute deutlich besser fühle. Das liegt daran, dass die Themen Politik und Fernsehen für mich sehr negativ belastet sind. In meinen Augen sorgen sie nicht unbedingt für eine positive Stimmung.

Das ist natürlich etwas, das du für dich selbst entscheiden musst. Ich würde auf keinen Fall sagen, dass du die Politik oder Missstände in der Welt grundsätzlich ignorieren solltest. Stattdessen solltest du dich einfach fragen, ob es nicht gewisse Dinge gibt, die du an dir vorbeiziehen lassen kannst.

Für noch viel wichtiger halte ich aber, dass du überprüfst, von welchen Quellen du konsumierst. Als nicht empfehlenswert erachte ich Medien, in denen es ausschließlich um Einschaltquoten geht, in denen einseitig berichtet wird und in denen plakative Schlagzeilen verwendet werden, damit sich die Auflage besser verkauft. Dazu gehören natürlich auch Trash-TV und Reality-Shows. Das ist nämlich nicht die Welt, in der wir leben.

---

**Hinterfrage kritisch, von welchen Quellen du konsumierst.**

---

Ich habe früher oft Klatschpresse gelesen oder Fernsehen geschaut und danach ging es mir immer schlecht. Ich habe dann gedacht: »Oh nein, schlimmer Planet, schlimmes Deutschland.« So ist es aber nicht! Es gibt auch sehr viel Positives. Wenn ich jedoch eine Stunde vor dem Fernseher verbringe, dann ist das definitiv eine Stunde, in der ich die Schönheit und das Positive auf diesem Planeten verpasse – denn darüber wird nicht oder nur sehr wenig berichtet.

Suche dir also vernünftige Quellen, um an wichtige Informationen zu kommen, sodass du auf dem aktuellen Stand bist. Ich erfahre meistens aus den sozialen Medien viel schneller, dass wir einen neuen Papst haben, als aus dem Fernsehen. Wenn ich dann mitbekomme, dass sich in der Politik oder im Allgemeinen etwas tut, dann recherchiere ich bewusst eine gewisse Zeit lang in seriösen Quellen nach diesen Themen, eigne mir das Wissen an, das ich brauche … und dann war es das aber auch wieder.

**Verschaffe dir über Social Media einen Überblick und recherchiere dann in seriösen Quellen.**

Wir werden über die Medien teilweise manipuliert. Dadurch, dass meistens negativ berichtet wird, werden wir negativ manipuliert. Manipulation klingt sehr schlecht, ist aber eigentlich fast normal. Ich habe auch im Grunde nichts gegen Manipulation, solange sie positiv ist. Wenn mich zum Beispiel mein Personal-Trainer beim Fitness positiv manipuliert, indem er mir erzählt, was passiert, wenn ich jetzt schon wieder etwas Ungesundes esse, dann hilft mir das eigentlich, etwas Gutes zu tun. Aber die Medien machen das nicht. Das Fernsehen ist nicht daran interessiert, dass es mir gut geht, sondern es will mich schockieren, um die Einschaltquoten hochzutreiben. Nach all den Jahren, in denen ich beides getestet habe, bin ich zu dem Schluss gekommen, dass es besser ist, mit Freunden am Tisch zu sitzen, um dort über die aktuellen Geschehnisse zu diskutieren als über gewisse Medien davon zu erfahren.

Das Ganze bezieht sich übrigens nicht nur auf Informationen zu aktuellen Geschehnissen, sondern natürlich auch auf die vielen künstlichen und gefakten Unterhaltungssendungen, die meiner Meinung nach nicht für ein persönliches und wirtschaftliches Wachstum sorgen. Aus diesem Grund habe ich mich auch davon komplett verabschiedet.

Daher denke bitte darüber nach, wie du das handhaben möchtest, und triff dann deine persönliche Entscheidung.

## Routinen und Rituale

Über zehn Jahre lang habe ich im Verein Basketball gespielt, und bei jedem Freiwurf war es wie folgt: zuerst zweimal dribbeln, dann den Ball in der Hand drehen, einmal tief durchatmen und dann werfen. Das war ein Ritual. Solche Abfolgen und Handlungen, welche immer wieder auf die gleiche Art und Weise durchgeführt werden, findest du sehr oft in verschiedenen Sportarten – ob beim Basketball, in der Leichtathletik oder wo auch immer.

Aber wo genau liegt jetzt der Vorteil dabei? Mit der Zeit entsteht ein Automatismus, der dich zum einen weniger Denkkraft kostet und zum anderen in der Regel für bessere Resultate sorgt. Wenn wir diese Handlungen, welche wir immer wieder gleich durchführen, über einen längeren Zeitraum wiederholen, dann entstehen mit der Zeit Gewohnheiten. Diese nennt man dann oft Routinen.

Du solltest dir unbedingt positive Gewohnheiten und Routinen aneignen und bewahren. Warum? Weil du dadurch jede Menge Energie sparst. Die wenigsten von uns verausgaben sich tagtäglich körperlich – meistens sind wir abends erschöpft, weil unser Gehirn so viel gearbeitet hat.

---

**Lege dir bestimmte positive Gewohnheiten und Routinen zu, um dadurch Energie zu sparen.**

---

Kommen wir doch nochmal zu den Ritualen beziehungsweise Gewohnheiten. Wir alle haben eine, die uns verbindet: das Zähneputzen. Das ist in der Regel eine Gewohnheit. Wir machen es, ohne groß nachzudenken und wahrscheinlich immer ähnlich. Da wir es regelmäßig wiederholen, wurde es zu einer Gewohnheit, welche wir nicht vergessen. Überprüfe doch deinen Alltag mal auf solche wiederkehrenden Tätigkeiten. Diese versuchst du dann, zu Gewohnheiten und Routinen zu machen.

Meistens sind das Handlungen, welche nicht unbedingt viel Konzentration erfordern. Du solltest sie immer zur gleichen Zeit und in der gleichen Handlungsabfolge machen, damit es sich als Routine/Gewohnheit verankert. Das können Dinge wie Frühsport oder Kochen sein, aber auch die Art, wie du deine Mittagspause verbringst, etwas aufräumst oder dich weiterbildest. Wenn du etwa zwei bis drei Wochen damit durchhältst, wirst du merken, dass es irgendwann zu einer festen Gewohnheit wird, die dich kaum noch Energie kostet und die du selten vergisst.

Du solltest deinen Alltag übrigens auch auf Gewohnheiten überprüfen, welche eventuell nicht so gut für dich sind. Was hat sich bei dir über die letzten Jahre so eingespielt? Und wovon möchtest du dich gerne verabschieden, weil es wenig Sinn für dich ergibt?

---

**Identifiziere Gewohnheiten, die nicht gut für dich sind, und werde sie los.**

---

Ich selbst habe mehrere kleine Routinen und eine sehr große Morgenroutine, die sich in etwa über einen Zeitraum von zweieinhalb Stunden erstreckt. Darin enthalten sind mein Frühsport, meine Visualisierungsübung und das Frühstück. Wenn ich danach, gegen etwa neun Uhr, mit der Arbeit beginne, ist mein Gehirn noch kaum oder sogar gar nicht gefordert worden, da alle bisherigen Aufgaben routinemäßig vom Unterbewusstsein ausgeführt wurden.

Je mehr Gewohnheiten und Routinen du hast, desto weniger wird dein Gehirn in Anspruch genommen, da diese Tätigkeiten dann unbewusst erledigt werden. Das bewusste Denken ist das, was uns die meiste Energie kostet. Außerdem sorgen Routinen und Gewohnheiten dafür, dass du dich nicht immer wieder überwinden musst, etwas zu tun. Du machst es einfach, weil es normal für dich geworden ist.

## Visualisierung

Visualisierung ist ein absoluter Killertipp, den sehr viele erfolgreiche Sportler als Mentaltraining für sich nutzen. Im Grunde geht es dabei um zwei Dinge: Zum einen lässt sich eine bevorstehende Situation simulieren und damit trainieren, was zur allgemeinen Vorbereitung beiträgt. Rennfahrer nutzen diese Methode beispielsweise, um sich den Streckenverlauf noch zu vergegenwärtigen. Das funktioniert aber teilweise auch gut für Gesprächssituationen, weil man so einige Varianten und Gesprächsverläufe vorab durchspielen kann, wie sie etwa bei Vorstellungsgesprächen oder bei Vorträgen entstehen können. Diese Vorbereitung gibt dir Sicherheit und reduziert die Aufregung.

---

**Dinge vorher zu visualisieren, gibt Sicherheit und Zuversicht.**

---

Eine andere Möglichkeit, Visualisierung für sich zu nutzen besteht darin, sein Unterbewusstsein auf den Erfolg zu trainieren, indem man sich diesen Erfolg (immer wieder) vor dem geistigen Auge visualisiert. Sportler machen das, indem sie sich den Moment des Triumphes vorstellen – den Moment, in dem sie die Ziellinie als erster überqueren, ein großes Tennismatch gewinnen oder das entscheidende Tor in einem Fußballspiel erzielen. Dadurch verknüpfen sie diese Erfolgserlebnisse mit ihrem Unterbewusstsein. Und auch diese Technik lässt sich natürlich auf die eigenen Ziele übertragen.

---

**Dein Unterbewusstsein merkt sich visualisierte Erfolge.**

---

Ich gehe dabei wie folgt vor: Jeden Morgen visualisiere ich fünf Minuten lang meine Zukunft. Dabei stelle ich mir zuerst mein Privatleben in der Zukunft vor, da das für mich deutlich wichtiger ist als der wirtschaftliche Erfolg. Du kannst dir das ein bisschen wie einen Tagtraum vorstellen. Ich gehe also teilweise wirklich sehr ins Detail: Wo lebe ich mit meiner Familie? Wie geht es meiner Familie? Wo sind wir? In der Zukunft haben wir Spaß und sind glücklich. Je genauer du dir das vorstellst, desto besser wirst du dich fühlen.

Erst wenn ich mir das zu meinem Privatleben vorgestellt habe, geht es in die wirtschaftliche Zukunft. Hier stelle ich mir vor, welche Jobs ich später haben möchte. Dabei tue ich so, als hätte ich sie schon. Dann stelle ich mir vor, was ich verdiene, und wie dementsprechend mein Kontostand aussieht. Ich sehe die Zahl wirklich vor mir. Wie sieht mein Tagesablauf aus?

Wie groß ist mein Team? All diese Dinge sind Bestandteil meiner Visualisierung.

Wenn du mich fragst – ich bin zu 200 Prozent fest davon überzeugt, dass diese Übungen nicht nur dafür sorgen, dass du dich in den jeweiligen Momenten besser fühlst, sondern auch dafür, dass du deine Ziele schneller und bewusster erreichst. Wenn nämlich mein Unterbewusstsein meine Ziele und meinen Weg kennt, dann kann es ja nur von Vorteil sein. Schließlich treffen wir extrem viele unserer Entscheidungen gar nicht bewusst, sondern im Unterbewusstsein.

Ich kann dir nur raten, es selbst auszuprobieren. Versuche es auch gerne mal vor einem Vortrag oder vor einem wichtigen Kundengespräch. Spiele die jeweilige Situation in deinem Kopf positiv durch und visualisiere den Erfolg. Das wird sich garantiert auf die tatsächliche Situation auswirken.

## Kritik und Feedback

Was empfindest du, wenn du das Wort Kritik hörst? Ich finde dieses Wort nicht schön und empfinde dabei eher ein negatives Gefühl. Da ist mir Feedback schon lieber. Aber wo genau liegt der Unterschied zwischen Kritik und Feedback?

Naja, Feedback ist das, was du dir bewusst einholst – und zwar von geeigneten Personen. Kritik bekommst du dagegen meistens ungefragt, und oft von Personen, die gar nicht dafür geeignet sind, diese Kritik zu äußern. Überlege doch einfach mal, wie es in deiner Vergangenheit war. Natürlich möchte ich dir empfehlen, dass du dir Feedback einholst. Am besten sprichst du dafür jemanden an, der schon da ist, wo du hinwillst, und der dich kennt – mit all deinen Absichten, Zielen und unter Berücksichtigung deiner aktuellen Situation.

---

**Hole dir regelmäßig Feedback von Menschen, die da sind, wo du hinmöchtest.**

---

Leider lässt sich auch Kritik nicht immer vermeiden. Das ist wohl auch ganz gut so, denn ab und zu ist ja auch mal etwas Hilfreiches dabei. Aber zu 99 Prozent kannst du die Kritik, die du bekommst, komplett vergessen. Warum?

1. Der Kritisierende kennt deine Absichten nicht.
2. Der Kritisierende kennt dich und deine Möglichkeiten nicht.
3. Der Kritisierende hat niemals das erreicht oder erlebt, was du anstrebst.
4. Der Kritisierende nimmt sich keine Zeit für seine Kritik.
5. Der Kritisierende kritisiert verletzend und nicht helfend.

Und so könnte ich noch eine ganze Weile weitermachen! Aus diesem Grund möchte ich dir ein paar Tipps geben, wie du reagieren kannst, wenn du mal wieder ungefragt kritisiert wirst:

- Egal, ob die Kritik verletzend wirkt, sei nachsichtig mit der Person und versuche, dir vorzustellen, dass sie es gut meint.
- Höre dir die Kritik an und entscheide im Anschluss, ob du etwas davon umsetzen möchtest.

- Bedanke dich auf jeden Fall für die Kritik – und wenn du möchtest, formuliere gerne, warum du sie nicht umsetzen wirst.
- Achte darauf, dass kein Schlagabtausch entsteht. Sollte das passieren, beendest du das Ganze mit einem ernst gemeinten Danke.
- Nimm nicht jede Kritik wortlos an, denn sonst entsteht daraus schnell ein Spiel, bei dem dich jeder kritisieren möchte.
- Setze nicht jede Kritik um – sonst machst du irgendwann das, was alle machen!

Ich möchte dir gerne von meiner Erfahrung als Fotograf berichten. Als ich noch Anfänger war, konnte ich sehr viel mit Kritik anfangen. Aber irgendwann hast du ein Level erreicht, auf dem du keinesfalls jede Kritik umsetzen darfst – es sei denn, es kommt von jemandem, der da ist, wo du hinmöchtest, und genau weiß, was du vorhast!

Zu Beginn war ich verstärkt in den Foto-Communities unterwegs und habe dann auch irgendwann angefangen, meine ersten Auftragsarbeiten zu fotografieren. Überraschenderweise war es so, dass diejenigen meiner Bilder, die in den Foto-Communities am stärksten kritisiert wurden, im beruflichen Leben meine erfolgreichsten Werke waren. Das lag daran, dass sie nicht für Fotografen erstellt wurden. Was in den Communities kritisiert wurde, war das, was meine Kunden von mir erwarteten und an meinen Bildern schätzten.

Noch einmal: Höre dir Kritik an, aber stelle die Umsetzung infrage. Hole dir stattdessen lieber bewusst Feedback ein – und zwar von den Menschen, die dich und deine Situation kennen.

Sprich Experten an, die auf dem gleichen Gebiet unterwegs sind wie du. Und wenn du ihnen und ihrer Einschätzung vertraust, setze die Kritik schließlich in die Tat um.

Zum Schluss möchte ich dir noch einen Tipp geben, wenn es darum geht, selbst anderen Menschen Feedback zu geben: Wenn ich anderen Menschen helfen möchte, frage ich zuerst nach, ob Feedback gewünscht ist. Falls nicht, dann nutze ich ein positives Lob bei einer guten Leistung, aber sage nichts, wenn die Leistung schlecht ist. Ich kritisiere nur dann negativ, wenn die andere Person auch wirklich daran Interesse hat.

## Nach Hilfe fragen

Wenn man ein Ziel erreichen möchte, fragt man sich ja in der Regel, was man tun muss, um dorthin zu gelangen, richtig? Ich finde das sinnvoll und keinesfalls verkehrt, aber es gibt bessere Wege, seine Ziele schnell zu erreichen. Seit meinem ersten großen Ziel – Referent auf der *Photoshop World* in Las Vegas zu werden – habe ich mir statt dieser Frage zuerst immer eine andere gestellt, und zwar: Wer kann mir dabei helfen, mein Ziel (schnell) zu erreichen?

Es ist überhaupt nicht dämlich und auch definitiv kein Zeichen von Schwäche, nach Hilfe zu fragen. Ich würde eher das Gegenteil behaupten: Es ist absolut sinnlos, nicht nach Hilfe zu fragen. Denn was ist daran schlimm, es zu tun? Menschen helfen generell gerne – also gib ihnen die Chance, es zu tun.

---

**Es ist absolut sinnlos, <u>nicht</u> nach Hilfe zu fragen.**

---

Als ich noch beim Militär war und wir lange Märsche durchführten, kamen manche meiner Kameraden gelegentlich an das Ende ihrer Kräfte. Dann haben andere Kameraden ihre Rucksäcke für sie getragen, was in dem Fall wenig gebracht hat, denn die Personen waren sowieso schon völlig fertig. Mich hat das immer sehr geärgert, und ich dachte mir: Warum hat diese Person nicht schon viel eher nach Hilfe gefragt? Man hätte ihr den Rucksack abnehmen können, als sie noch relativ fit war, und die komplette Gruppe wäre schneller vorangekommen. Man sollte also nicht erst dann nach Hilfe fragen, wenn man absolut keinen anderen Ausweg mehr sieht und bereits völlig am Ende ist – sondern bevor man in diese Ratlosigkeit verfällt.

---

**Frage nicht erst dann nach Hilfe, wenn du bereits völlig am Ende bist.**

---

Jetzt frage dich einmal selbst: Gehörst du zu den Menschen, die nicht nach dem Weg fragen, wenn sie sich zum Beispiel mal verfahren haben? Oder bist du clever und nimmst die Abkürzung, indem du ortskundige Personen, die vermutlich mehr Ahnung haben, nach Hilfe fragst? Es geht wirklich nicht darum, andere Menschen darum zu bitten, dass sie deine Aufgaben übernehmen. Es geht nicht darum, Menschen auszunutzen. Es geht mir bei dieser Lektion viel eher darum, dass du dir Hilfe in Form von Tipps und Ratschlägen einholst, um Dinge selbst erledigen zu können beziehungsweise schneller deine Ziele zu erreichen.

Aber denke auch immer daran: Wenn dir jemand mal geholfen hat, dann schuldest du dieser Person etwas. Das kann zum einen ein ehrlich gemeintes Dankeschön sein, aber vielleicht auch ein kleines Geschenk, um deine Dankbarkeit und Wertschätzung zu vermitteln.

Zum Schluss noch etwas Persönliches: Ich bin davon überzeugt, dass du auch dafür leben solltest, anderen Menschen zu helfen. Ich glaube fest daran, dass man alles doppelt zurückbekommt, was man anderen Menschen gibt. Abgesehen davon, ist es auch ein schönes Gefühl, jemanden mit Rat und Tat zu unterstützen und mit dem eigenen Erfahrungsschatz etwas Sinnvolles zu tun. Das ist auch ein Grund dafür, dass ich Workshops anbiete und letztendlich auch ein wichtiger Grund dafür, dass ich dieses Buch geschrieben habe.

---

**Suche nicht nur Hilfe bei anderen, sondern helfe selbst auch anderen Menschen!**

---

Probiere es einfach mal aus. Dafür musst du auch kein Coach oder Trainer sein!

## Was ich vom Buddhismus lernen konnte

Viele stellen sich eine Buddha-Statue zur Dekoration in die Wohnung, aber nur die wenigsten befassen sich tatsächlich mit dem Buddhismus. Das finde ich sehr schade, denn der Buddhismus beinhaltet viele Leitsätze, Regeln und Werte, die jeder für sich übernehmen kann – egal, ob und welcher Religion er angehört. Ich möchte niemanden zum Buddhismus bekehren, aber ich möchte dir gerne über ein paar Erfahrungen berichten, die mir ein wenig die Augen geöffnet und dafür gesorgt haben, dass ich mich persönlich und wirtschaftlich verbessern konnte.

Ich kann mich erinnern, wie ich vor einiger Zeit mit meiner gesamten asiatischen Familie, inklusive der Schwiegereltern, in ein neues Haus gezogen bin. Jeder von ihnen hat beim Betreten Geldscheine in die Luft geworfen. In jedem Raum lagen Hunderte Euro, die ich nichtsahnend einfach einsammeln wollte. Meine Frau bremste mich jedoch und sagte, »Moment, das Geld nimmst nicht du, sondern es kommt zu mir und wird direkt wieder zurück auf das Konto überwiesen.« Es handelte sich dabei um ein Ritual, welches ich überhaupt nicht verstanden habe.

Während ich diese Aktion eher belustigend fand, gibt es im Buddhismus auch einige sinnvolle Dinge, die ich für mich übernommen habe. Zum Beispiel, dass man nicht über Menschen steigt. Einmal lag mein Sohn auf dem Boden vor dem Fernseher und schaute eine Sendung. Ich wollte ihn nicht stören, also stieg ich im unteren Fußbereich über seine Knöchel. Dafür bekam ich direkt einen Rüffel von meiner Frau, die mir sagte, dass man nicht über Menschen hinübersteigen solle – das habe etwas mit Respekt zu tun.

Auch als ich kurz darauf meine Füße auf dem Tisch liegen hatte, wurde wieder mit mir geschimpft. Dabei ging es nicht mal nur um Sauberkeit, sondern wieder um Respekt. Sie erklärte mir, ein Tisch sei etwas, auf dem man Mahlzeiten einnimmt, Arbeit erledigt und Geld verdient. Da diese Dinge Respekt verdienen, solltest man dort nicht seine Füße platzieren.

Wie ihr seht, spielt Respekt eine große Rolle, und das habe ich in den letzten fast 15 Jahren, seitdem ich mit meiner Frau zusammen bin und in ihrer Familie lebe, gelernt. Im Kern ist das:

**Respektiere andere Menschen, Dinge und das Umfeld, mit denen und in dem du lebst.**

Mir ist auch aufgefallen, dass man kaum Menschen aus dem asiatischen Raum antrifft, die ohne Punkt und Komma reden und sich einem dadurch aufdrängen. In ihrer Kultur wird es nicht gern gesehen, wenn man anderen Menschen zu viele Worte zumutet, die ihnen ohnehin nichts bringen. Das gilt sozusagen als Regelverstoß. Das heißt: Pflanze dem anderen Menschen nicht zu viele Informationen in den Kopf – schon gar nicht negative Gedanken, die für ihn belastend sein könnten.

**Belaste andere Menschen nicht mit zu vielen (negativen) Informationen.**

Auch die Fähigkeit, Empathie zu zeigen, wird sehr stark ausgelebt. Dabei geht es darum, sich in andere Menschen hineinzuversetzen, und zu fühlen, wie diese wirklich sind – und nicht, wie wir sie gerne haben wollen. Deshalb solltest du dich bei allem, was du tust, fragen, was dein Gegenüber in diesem Moment empfindet und was es für ihn bedeutet. Dieser ständige Perspektivenwechsel ist eine weitere Sache, die ich aus dem Buddhismus übernommen habe. Und auch wenn es dabei eigentlich nur um den Menschen an sich geht, entsteht doch ein positiver Nebeneffekt: Empathie und Perspektivenwechsel helfen dir auch, zu erkennen, was sich deine Kunden oder Mitmenschen wünschen. So kannst du diese Tipps auch auf das Berufliche übertragen.

---

**Versuche, dich in andere Menschen hineinzuversetzen und ihre Perspektive einzunehmen.**

---

Außerdem wird dazu angeregt, sich auf das wenige Wichtige im Leben zu konzentrieren, das einen wirklich glücklich macht und weiterbringt. Ich habe das selbst erleben dürfen, als ich mit meiner Familie in Laos war. Dort traf ich auf viele Menschen, die sehr wenig hatten und trotzdem sehr glücklich waren. Das gilt übrigens auch für einige unserer Verwandten. Mich hat das tief beeindruckt. Ich habe dadurch erkannt, dass Zufriedenheit vor allem von innen kommt und von der eigenen Einstellung abhängt. Auch die innere Ruhe spielt dabei eine Rolle, Außenfaktoren und materielle Dinge allerdings weniger. Solltest du das einmal erleben wollen, dann besuche doch einmal ein wirtschaftlich ärmeres Land. Es ist eine sehr wertvolle Lebenserfahrung, die ich jedem nur empfehlen kann.

---

**Zufriedenheit kommt vor allem von innen und hängt von der eigenen Einstellung ab.**

---

Und zu guter Letzt noch einmal: Natürlich möchte ich dich nicht zum Buddhismus bekehren. Aber ich möchte dich dazu anregen, dich ein wenig mit der Idee auseinanderzusetzen, um womöglich die ein oder andere Erkenntnis in den Alltag zu übernehmen. Es wird dich weiterbringen.

# 3

# Gesundheit und Wohlbefinden

Wenn wir beruflich durchstarten und gleichzeitig ein erfülltes Privatleben führen möchten, sind wir darauf angewiesen, dass wir gesund sind und uns gut fühlen. Denn mit Geld kann man zwar vieles kaufen, aber Gesundheit und Wohlbefinden gehören nicht dazu. Oftmals läuft man gerade bei dem Wunsch nach der großen Karriere Gefahr, das eigene Wohlbefinden außer Acht zu lassen. Das Problem ist dabei aber Folgendes: Selbst wenn dich das zum wirtschaftlichen Erfolg führt, hast du später kaum etwas davon. Denn wenn du krank wirst und es dir schlecht geht, kannst du mit deinem hart erarbeiteten Geld nichts anfangen.

Meine persönliche und wirtschaftliche Kurve ging erst ab dem Zeitpunkt steil nach oben, als ich bewusst daran gearbeitet habe, dass es mir gut geht. Mit ein bisschen Fitness ist das Ganze aber noch nicht getan. Aus diesem Grund will ich dir dazu ein paar Tipps mit auf den Weg geben, die sich für mich als nützlich erwiesen haben.

## Wohlbefinden ist Arbeit

Würdest du mir zustimmen, wenn ich behaupten würde, dass du produktiver bist, wenn es dir gut geht? Ich nehme mal an, dass das der Fall ist. Dann wäre ja der nächste Schritt einfach nur, daran zu arbeiten, dass es dir gut geht. Das ist der Grund, weshalb ich das Thema Wohlbefinden als Teil meiner Arbeit sehe. Die meisten, die ich kenne, achten auf ihr Wohlbefinden, aber sie arbeiten nicht daran.

Mir wurde das so richtig bewusst, als ich vor vielen Jahren eine Geschichte von Bodo Schäfer gehört habe. Er hat einmal geschrieben, man solle sich vorstellen, ein Rennpferd zu besitzen. Dieses Rennpferd sorge dafür, dass wir Geld verdienen – oder eben nicht. Wir haben keine Arbeit mehr, keine weiteren Einkünfte, nur dieses Rennpferd. Wenn es Rennen gewinnt, verdienen wir Geld. Die Frage ist, ob man dieses Rennpferd nun jeden Tag von morgens bis abends trainieren und antreten lässt, oder ob es sich nicht auch mal ausruhen darf. Weiterhin gilt es, zu entscheiden, womit man dieses Rennpferd füttert, wenn auch das eigene Leben und der eigene Verdienst davon abhängen. Würde man dem Rennpferd Burger, Cola oder verschmutztes Wasser geben? Oder würde man darauf achten, dass es ihm gut geht? Wo lebt dieses Rennpferd? In einem hässlichen, ungepflegten Stall, oder würde man darauf Acht geben, wie und wo sich das Rennpferd erholt?

Diese Geschichte hat mir die Augen geöffnet, denn ich habe gemerkt, dass ich es bei einem Rennpferd machen würde – aber bei mir selbst mache ich es nicht. Seitdem habe ich mich dazu verpflichtet, nicht nur darauf zu achten, dass es mir gut geht, sondern aktiv daran zu arbeiten. Dazu zählen verschiedene Faktoren wie Bewegung und Sport, gesunde Ernährung oder ausreichend Schlaf. Neben diesen Faktoren, die ich auch nicht immer genau einhalte, gibt es einen Faktor, den ich besonders wichtig finde: die Zeit für dich selbst.

---

**Achte nicht nur darauf, dass es dir gut geht, sondern arbeite aktiv daran.**

---

Immer wieder frage ich meine Coaching-Teilnehmer, wann sie sich Zeit für sich selbst nehmen, und dann kommt oft die Antwort: »Abends, wenn ich mit der Familie zusammen bin –

das ist meine Zeit für mich.« Und dann antworte ich immer: »Nein. Das ist deine Zeit für die Familie. Aber wann ist deine Zeit, in der du wirklich nur für dich alleine bist?« Diese Zeit haben die meisten Menschen überhaupt nicht.

Auch dazu fällt mir ein Beispiel ein, das du wahrscheinlich schon kennst: Ein Holzfäller hackt jeden Tag Bäume. Mit der Zeit wird er immer langsamer. Eines Tages kommt ein Fußgänger vorbei und sagt zu ihm, »Schärfe doch einmal deine Axt, damit es wieder besser läuft. Dann kannst du noch mehr Bäume hacken.« Darauf erwidert der Holzfäller, »Nein, ich habe keine Zeit, die Axt zu schärfen, denn ich muss Bäume fällen.« Merkst du was?

Aus diesem Grund solltest du extrem darauf achten, dass es dir gut geht und du Zeit für dich hast. Finde heraus, an welchem Ort du dich besonders wohl fühlst – diesen Ort versuchst du dann, regelmäßiger aufzusuchen. Finde auch heraus, was dich im Leben herunterzieht. Das solltest du sein lassen. Welche Menschen steigern wirklich dein Wohlbefinden? Suche diese Menschen auf.

Dein Wohlbefinden ist extrem wichtig. Aus diesem Grund solltest du nicht nur einfach darauf achten, sondern definitiv daran arbeiten. Sobald du diese Einstellung entwickelt hast, wirst du dir automatisch mehr Zeit dafür nehmen – selbst, wenn du dafür einen Termin erstellen musst. Hauptsache, du arbeitest daran.

# Achtsamkeit

»Achtsamkeit – was ist das denn bitte für ein Hippie-Zeug?« So einen Satz habe ich vor vielen Jahren selbst einmal herausgehauen. Heute ist es allerdings etwas, womit ich mich sehr gerne befasse. Stellst du nicht auch immer wieder fest, dass wir viel zu oft mit den Gedanken in der Vergangenheit beziehungsweise in der Zukunft sind? Dass wir ständig getrieben sind und zu wenig den Moment erleben? Ich bin in diesem Thema auch noch nicht perfekt und muss mich auch immer wieder daran erinnern. Nichtsdestotrotz möchte ich dir eine Story erzählen, die beschreibt, was die Veränderung für mich veranlasst hat.

In meinem Unternehmen finden regelmäßig Seminare statt. Bei einem dieser Seminare, das ein Gastreferent durchführte, nahm ich die Teilnehmer wie gewöhnlich an der Tür in Empfang und lief dann einen langen Flur zum Seminarraum entlang, in dem viele Bilder hingen. Eine Teilnehmerin hielt sich länger damit auf, sich diese Bilder anzuschauen – in aller Ruhe. Sie nahm alles ganz genau wahr und hatte dabei einen sehr entspannten Gesichtsausdruck. Sie war überhaupt nicht gestresst. Da fragte ich mich: »Calvin, wie oft hast du dir diese Bilder eigentlich schon angeschaut? Dabei läufst du hier jeden Tag vorbei!« Ich war in diesem Moment erstaunt und sogar etwas neidisch. Ich fand es absolut klasse, dass sie nicht einfach nur durchrannte, sondern die Umgebung so bewusst wahrnahm. Es gab ja auch überhaupt keinen Grund, sich zu beeilen – es blieb noch viel Zeit, bis das Seminar beginnen sollte.

Das war für mich der ausschlaggebende Punkt, an dem ich mir vornahm, mich mehr mit dem Thema Achtsamkeit zu befassen. Seit diesem Erlebnis mache ich so gut wie jeden Tag Übungen, um meine Achtsamkeit zu schulen. Gleich vorweg: Wenn dich das Thema ernsthaft interessiert, empfehle ich dir, mit anderen Lektüren dort einzusteigen, denn ich bin kein Achtsamkeits-Coach. Aber oft ist es so, dass es nur weniger, einfacher Tipps bedarf, um kleine Fortschritte zu machen. Manche wollen ja vielleicht auch gar nicht tiefer einsteigen. Aus diesem Grund möchte ich dir jetzt einen einfachen Tipp zum Thema Achtsamkeit geben, den ich selbst anwende:

Du kannst dir jeden Tag mehrfach in deinem Smartphone einen Alarm einstellen. Wenn der Alarm ertönt, holt er dich quasi aus der aktuellen Situation heraus – und das ist dann das Signal für dich, die Situation in diesem Moment bewusster wahrzunehmen. Wo bist du? Was machst du gerade? Wie fühlst du dich? Schaue dich um und nimm Details wahr. Sei dankbar für die Situation und genieße einfach den Moment. Natürlich machst du das Ganze nicht während eines wichtigen Termins. Ich würde den Alarm lieber zu Zeiten setzen, in denen du ohnehin in der Mittagspause bist, oder abends, oder sehr früh morgens. Es geht einfach nur um die regelmäßige Übung. Wenn du diesen Tipp anwendest, wirst du mit der Zeit immer öfter auch ohne den Alarm die Situationen bewusster wahrnehmen lernen und ein wenig Hektik aus deinem Leben herausnehmen. Teste diese Übung doch einfach jetzt gleich mal.

## Umgang mit Druck und Stress

Vielleicht klingt es komisch, aber ich setze mich gerne regelmäßig unter Druck. Das mache ich, indem ich Dinge tue, die ich vorher noch nie gemacht habe. Ich nenne das die Komfortzone verlassen und halte es für sehr wichtig, um persönlich sowie wirtschaftlich zu wachsen.

Dieser Druck und die Angst, etwas nicht zu können und zu versagen, ist ein Stress, welcher mir persönlich gut tut. Man nennt ihn auch den Eustress, den positiven Stress. Genau in den Situationen, in denen ich diesen Stress empfinde, kann ich wachsen. Ich kann zeigen, was ich auf dem Kasten habe, und aus welchem Holz ich geschnitzt bin. Für mich sind diese Situationen Herausforderungen, und genau so solltest du es auch betrachten. Aber denke daran, ich spreche hier von Situationen, in denen du dich freiwillig unter Druck setzt beziehungsweise dich in Stresssituationen begibst. Natürlich gibt es immer wieder Situationen, in denen du unfreiwillig unter Stress gerätst. Das sind Situationen, in denen du dich vielleicht überfordert fühlst. Wenn diese eintreten, spricht man von einem negativen Stress, dem sogenannten Disstress – den gilt es natürlich, zu vermeiden, da sonst langfristig körperliche und geistige Schäden auftreten können. Ich bin absolut kein Experte für Stress, aber im Folgenden möchte ich dir ein paar Tipps geben, die mir persönlich sehr gut geholfen haben. Es handelt es sich dabei um Taktiken, die ich selbst nutze, um in Stresssituationen – sei es Eustress oder Disstress – einen kühlen Kopf zu bewahren.

## Die Interpretation

Meistens entsteht Stress dadurch, dass wir uns die Situation schlimmer vorstellen/bewerten, als sie tatsächlich ist. Ich stelle mir dann immer folgende Fragen: Was kann denn schlimmstenfalls passieren? Gibt es jemanden, der jetzt gerne in meiner Situation wäre, weil er vielleicht in einer noch schlimmeren Situation steckt? Und wie kannst du die jetzige Situation verbessern?

## Sport

Es gab Zeiten, da habe ich mit meinen 1,79 m Körpergröße fast 100 kg gewogen. Ich war nicht sonderlich fit, und das zeigte sich auch im Alltag. Vieles wirkte viel belastender. Ich war schneller müde, und somit waren viele Situationen viel anstrengender, was wiederum für einen bestimmten Stress und Druck sorgte. Wenn du physisch fit bist, steigt nicht nur deine körperliche, sondern auch deine geistige Leistungsfähigkeit.

## Schlaf

Eventuell kennst du das: Du hast wenig geschlafen und bist viel schneller genervt. Manche kennen diese Situation auch, wenn sie hungrig sind! Daher achte darauf, dass dein Schlaf nicht nur in der Quantität stimmt (Dauer), sondern auch in der Qualität (Schlafphasen). So wirst du Stress, wenn er auftritt, viel leichter verarbeiten können. Zum Thema Schlaf erzähle ich im Anschluss gleich noch ein bisschen mehr.

### Hilfe suchen

Wenn du Stress hast, dann gibt es immer die Möglichkeit, dass du dir einfach Hilfe suchst. Wer kann dich in diesem Moment dabei unterstützen, deine Situation zu meistern? Du musst doch nicht alles alleine machen! Gerade dann nicht, wenn du dich noch nicht auskennst, oder etwas zum ersten Mal machst. Zu diesem Thema findest du ebenfalls einen eigenen Abschnitt am Ende dieses Kapitels.

Wie gesagt: Diese vier Tipps helfen mir regelmäßig, besser mit Druck und Stress umzugehen. Und ich denke, dass sie auch für dich nützlich sind. Solltest du aber ernsthafte Probleme mit Druck oder Stress haben, dann ist es sicherlich der beste Weg, einen Arzt oder Stress-Experten aufzusuchen.

## Schlaf gut!

Es kommt wirklich sehr, sehr selten vor, dass ich mal nach 22 Uhr ins Bett gehe. Ja, ein paar Ausnahmen gibt es sicherlich: wenn ich zum Beispiel einen Langstreckenflug habe und über Nacht unterwegs bin, oder auch an Silvester. Aber generell ist es so, dass um 21.30 Uhr mein Wecker klingelt, der mir mitteilt, dass ich mich jetzt auf meinen Schlaf vorbereiten sollte. Mein Ziel ist es, stets zwischen sieben und acht Stunden Schlaf zu bekommen, um dann am Folgetag wirklich topfit zu sein.

Gleich vorweg: Wenn du dich in einer Phase befindest, in der du dir zum Beispiel ein eigenes Business neben deinem Hauptberuf aufbaust, ja, dann musst du vielleicht auch mit fünf bis sechs Stunden Schlaf pro Nacht auskommen. Dann kannst du aber versuchen, am Wochenende mit neun bis zehn Stunden wieder etwas nachzulegen.

Neben der Zeit ist es natürlich auch wichtig, dass du einen qualitativ guten Schlaf hast. Denn sonst bist du unkonzentrierter, triffst schlechtere Entscheidungen, erkennst weniger Chancen, bist schneller genervt, fühlst dich oft träge, bist unproduktiv und manchmal sogar lustlos.

Was kannst du jetzt aber tun, um besser zu schlafen? Im Folgenden will ich dir ein paar Tipps geben, die ich selbst nutze, und die auch dazu führen, dass ich einen guten Schlaf habe.

Ab 21.30 Uhr nutze ich kein blaues Licht mehr. Das heißt, mein Handy schaltet dann automatisch auf die Nightshift-Funktion und strahlt kein blaues Licht mehr aus. Zudem habe ich mir eine Nachttischlampe gekauft, bei der du einstellen kannst, welche Farbtemperatur das Licht haben soll.

---

**Nutze vor dem Schlafengehen kein blaues Licht.**

---

Ab 21.30 Uhr nutze ich auch keine sozialen Medien mehr – das ist alles andere als entspannend. Aus diesem Grund versuche ich auch, ab dann keine TV-Sendungen mehr zu schauen. Zum einen wegen der Anspannung und Aufregung, aber auch wegen des blauen Lichts der Geräte.

Ich achte auf eine gesunde Ernährung und versuche, abends nach 19 Uhr keine Kohlenhydrate mehr zu essen. Zudem achte ich auch darauf, tagsüber möglichst viel Sauerstoff und Sonnenlicht zu bekommen.

**Vermeide vor dem Schlafengehen Fernsehen, Kohlenhydrate und soziale Medien.**

Was auch sehr gut hilft, etwas ruhiger zu werden und besser mit Stress umzugehen (der sich ja meistens auch auf den Schlaf auswirkt), ist, Meditations- beziehungsweise Achtsamkeitsübungen durchzuführen. Wenn ich mal nicht einschlafen kann, nutze ich auch passende Musik. Dafür gibt es ganz viele Vorlagen im Internet, die du dir gratis herunterladen kannst.

**Nutze Meditation und Musik für ein besseres Einschlafen.**

Nicht zu unterschätzen ist es auch, eine gute Matratze zu haben und auf die Raumtemperatur zu achten. Die sollte keinesfalls zu warm sein!

Wenn dein Kopf voller Informationen ist, weil du einen anstrengenden Tag hinter dir hast, schreibe deine Gedanken vor dem Schlafengehen einfach auf. Dann ist der Kopf deutlich freier und die Wahrscheinlichkeit, dass du gut schläfst, steigt.

**Schreibe wirre Gedanken auf und befreie so deinen Kopf.**

Das sind wirklich nur ein paar wenige Tipps. Ich würde dir generell empfehlen, dich mit dem Thema Schlaf zu befassen. Inzwischen gibt es darüber sehr viele Bücher, die sich auf jeden Fall lohnen. Seitdem ich darauf achte, läuft vieles besser – sowohl privat, als auch beruflich. Und ja, die entscheidende Frage ist jetzt noch offen geblieben: Wie viele Stunden Schlaf braucht man überhaupt? Das ist leider bei jedem anders und lässt sich so nicht festlegen. Ich würde sagen, du probierst es einfach mal aus, aber mit mindestens sieben Stunden Schlaf wirst du definitiv nichts falsch machen.

Du kannst deinen Schlaf übrigens auch tracken. Dafür gibt es verschiedene Geräte. Ich nutze dazu ein Fitness-Armband. Das zeigt dir dann genau deine Schlafqualität, wie lange du in welcher Schlafphase warst, und so weiter. So kannst du herausfinden, ob auch die Qualität deines Schlafes stimmt.

Also, ich wünsche dir viel Spaß bei der Umsetzung und viele angenehme Nächte!

## Sport und Ernährung

Ich habe ja schon erzählt, dass ich mal fast 100 kg auf die Waage gebracht habe. Heute, viele Jahre später und über 15 kg leichter, bin ich viel sportlicher und behaupte: Früher fühlte ich mich gut – aber heute fühle ich mich besser! Es geht aber nicht nur um das körperliche Wohlbefinden, ich performe auch viel besser.

Worin äußert sich das genau? Ich fühle mich insgesamt viel fitter – und zwar auch mental. Ich gehe einfach mit mehr Klarheit durchs Leben und habe bessere Ideen. Außerdem bin ich weniger krank und viel stressresistenter. Und das macht sich in allen Lebensbereichen bemerkbar: sowohl im Familienleben als auch im Beruf.

Unser Körper ist unsere Hardware und unser wichtigstes Werkzeug. Und was bringt dir die beste Software, wenn die Hardware nicht richtig funktioniert? Es geht nicht darum, dass du ein Superathlet werden musst, der den Ironman läuft oder regelmäßig auf der Bodybuilding-Bühne steht. Es geht vielmehr darum, körperlich fit zu werden, um dein geistiges Potenzial ausschöpfen zu können.

Ich möchte dir ausdrücklich empfehlen, auf deine Gesundheit nicht nur zu achten, sondern daran zu arbeiten. Ja, genau: Betrachte es als Arbeit, deine Hardware instand zu halten. Verbessere deine Gesundheit und deine Fitness, indem du beispielsweise drei Mal in der Woche Sport à mindestens 30 Minuten machst. Das sollte dir dein Körper doch wert sein.

---

**Arbeite aktiv an deiner Gesundheit und investiere mindestens drei Mal 30 Minuten pro Woche in Sport.**

---

So wie du darauf achten solltest, keinen geistigen Müll in Form von TV-Sendungen zu dir zu nehmen, solltest du natürlich auch darauf achten, was du körperlich zu dir nimmst – also, was du isst. Ich möchte jetzt hier nicht den Experten spielen, aber falls du hierbei Defizite haben solltest, dann besorge dir einen guten Ernährungsberater oder Personal Trainer, der dich top berät. Diese Investition in dich selbst ist meiner Meinung nach die beste Rendite, die du aktuell bekommen kannst.

---

**Achte darauf, wie du dich ernährst.**

---

Setze dir auch ein großes Ziel und viele kleine Unterziele, und arbeite dann täglich daran, dass es dir gut geht. Je besser du funktionierst, desto mehr kannst du erreichen und bei anderen bewegen. Gerade was Sport und Ernährung betrifft, musst du die Herausforderung nicht alleine anpacken. Oft hilft es, wenn man mit anderen Menschen gemeinsam aktiv wird. Gründe zum Beispiel eine Facebook-Gruppe mit Freunden, in der ihr Bilder und Videos eurer Fortschritte teilt. So motiviert ihr euch, könnt euch gegenseitig unterstützen und achtet aufeinander.

---

**Setze dir große und kleine Ziele und arbeite gemeinsam mit Freunden daran.**

---

Glaube mir, ich kenne beide Seiten und kann dir garantieren, dass es sich zu 100 Prozent lohnt, mehr aus seinem Körper zu machen und auf seine Fitness beziehungsweise auf seine Ernährung zu achten. Und nur zur Information: Weder ich noch meine Frau (die ebenfalls inzwischen ihren Lebensstil optimiert hat) haben es alleine geschafft. Wir haben uns beide die Hilfe eines Personal Trainers gegönnt. Liebe Grüße an dieser Stelle an Andreas!

## Umgang mit Krankheit

Ich möchte dir nun etwas verraten, was nicht viele Menschen wissen: Obwohl es gut gemeint ist, mag ich den Ausspruch »Gute Besserung!« überhaupt nicht. Vor allen Dingen dann, wenn er bei einem Schnupfen kommt. Noch schlimmer sind Fragen wie: »Oh, bist du krank?« Meine Antwort darauf ist meistens: »Nein, mir läuft nur etwas die Nase – die braucht wohl ein bisschen Aufmerksamkeit.«

Noch eine Sache, die nicht viele wissen: Nach meinem Tumor (die Geschichte dazu erzähle ich dir am Ende des Buches) habe ich mir das Wort »Krankheit« als chinesisches Zeichen auf meinen Arm tätowieren lassen. Wie verrückt muss man sein, damit man sich dieses Wort stechen lässt? Aber ganz ehrlich: Seit diesem Tag vor über 15 Jahren bin ich so gut wie nicht mehr krank gewesen. Ich kenne also nicht das Gefühl, vier bis fünf Tage im Bett zu liegen, weil es mich erwischt hat.

Das Zeichen hat eine Bedeutung für mich, und zwar die Bedeutung: Krank bist du erst, wenn du einen Tumor hast. Oder eben eine ähnlich schwerwiegende Sache. Ein normaler Schnupfen oder Kopfschmerzen sind für mich keine Krankheiten. An dieser Stelle möchte ich natürlich erwähnen, dass es ein schmaler Grat ist, und ich würde dich bitten, das nicht so pauschal zu nehmen, falls du selbst eine Krankheit hast. Mir geht es wirklich nur um das Prinzip und wie du damit umgehst. Denn krank sein oder werden hat auch sehr viel mit der persönlichen Einstellung zu tun.

Wenn es dich also das nächste Mal erwischt hat, dann sei doch einfach mal dankbar, denn da draußen gibt es viele Menschen, denen es deutlich schlechter geht. Die wären unglaublich gerne in deiner Situation! Rede dir auf keinen Fall ein, dass du krank bist. Auf keinen Fall! Dich kann man nicht krank machen. Dafür bist du viel zu stark! Das sollte deine Einstellung sein.

Okay, was ist aber zu tun, wenn es dich dann doch erwischt hat? Natürlich muss ich dir in diesem Buch zunächst empfehlen, einen Arzt aufzusuchen – logisch. Würde ich auch machen. Wenn es einfach nicht besser wird, solltest du auf jeden Fall zu einem Arzt gehen. Da ich in den letzten 20 Jahren aber diesbezüglich nie bei einem Arzt war, will ich dir meine Methode empfehlen. Die lautet: Schlaf und positive Einstellung.

Nein, eine Garantie kann ich dir dafür nicht geben. Aber in dem Buch geht es auch nicht darum, wie man gesund wird, oder was man unbedingt machen muss, sondern darum, wie ich das mache. Ich mache das wie folgt: Ich lege mich nicht erst dann ins Bett, wenn ich bereits krank bin, sondern schon deutlich davor. Der Körper sendet ja schon lange vorher Warnsignale, wie zum Beispiel eine laufende Nase, Müdigkeit, Schwäche oder Kopfschmerzen. Bei diesen Signalen gehe ich direkt einfach mal vier Stunden früher ins Bett und höre Gute-Laune-Musik. In der Regel ist es dann so, dass ich direkt am nächsten Tag wieder fit bin oder mich zumindest deutlich besser fühle. Es spielt dabei keine Rolle, was ich eigentlich geplant habe. Nichts ist wichtiger als die Gesundheit. Diese vier Stunden halte ich deshalb normalerweise immer ein.

Falls du irgendwann einmal meine Kinder treffen solltest, dann frage sie gerne mal, wie oft ich ihnen schon eingeredet habe, dass sie nicht krank sind, nur weil die Nase läuft. Ich reagiere allergisch auf den Satz: »Papa, ich bin krank!«

Ich weiß nicht, ob meine Kinder sich noch daran erinnern. Vielleicht nehme ich ihnen jetzt eine Illusion – aber ich habe ihnen in der Vergangenheit auch schon mal den ein oder anderen »Zaubertrank« gegeben, in dem eigentlich nur Wasser und etwas Geschmack drin waren. Du siehst schon: Ich glaube an den Placebo-Effekt!

# 4

# Planung und Organisation

Gute Planung und Organisation schaffen Freiraum für Spontaneität. In meiner Community bin ich bekannt dafür, alles genau und detailliert zu planen – und ich will gar nicht wissen, wie viele sich darüber schon amüsiert haben. Ich bin fest davon überzeugt, dass meine Herangehensweise auf viele Menschen zu stressig wirkt. Bist du jemand, der eher das kreative Chaos mag? Ich mochte es früher nicht nur, ich liebte es.

Heute sieht das aber ganz anders aus. Mein Desktop ist aufgeräumt, mein Arbeitsplatz sieht sauber aus und selbst meine Tasche ist ordentlich eingeräumt, damit ich auch überall den Überblick habe. Solange man alles immer nur alleine macht, finde ich es gar nicht mal so schlimm, etwas unorganisiert oder planlos zu sein. Aber in dem Moment, in dem du mit anderen Menschen Kooperationen eingehst und mit ihnen zu tun hast, sind gute Planung und Organisation Pflicht.

Für mich ist das eine Art Verantwortung, sich selbst zu organisieren und andere Menschen nicht mit der eigenen Planlosigkeit zu belasten. Egal, was du in deinem Leben umstellst – es ist erstmal ungewohnt. Aber ich kenne niemanden, der wieder ins kreative Chaos zurückgegangen ist, nachdem er mal längere Zeit organisiert unterwegs war.

Warum denkst du denn, dass es so vielen Menschen an Zeit fehlt? Ganz sicher nicht, weil sie weniger Stunden pro Tag zur Verfügung haben. Ihnen fehlt die Zeit einfach, weil sie sich die vorhandene nicht richtig einteilen.

Ich kenne beide Seiten, und aus diesem Grund kann ich dir wirklich nur wärmstens empfehlen, die folgenden Tipps umzusetzen. Du wirst den ein oder anderen davon sicher auch schon mal gehört haben. Das macht aber nichts. Frage dich dann immer: Setzt du ihn auch schon um?

## To-do-Liste

Während meiner Zeit beim Militär musste ich vor jeder Ausbildung, die ich durchgeführt habe, einen Handzettel schreiben. Ein Handzettel ist im Prinzip eine Liste, die genau aufführt, wann du welche Tätigkeit für wie lange ausübst. Damals waren darauf zusätzlich auch noch ein paar handschriftliche Notizen zu den Ausbildungsinhalten zu finden. Als ich mit dieser Methode begann, war das zunächst sehr ungewohnt. Aber mit diesem Handzettel, den ich übrigens heute noch benutze, kann wirklich nichts mehr schiefgehen. Denn alles, was wichtig ist, wird dort aufgeführt und auch zeitlich festgelegt.

Aus heutiger Sicht würde ich dir nicht unbedingt einen Handzettel, sondern eine To-do-Liste und einen Kalender empfehlen. Viele nutzen leider den Kalender für alles. Sie schreiben ihre Termine, Aufgaben und Notizen hinein, wodurch alles sehr schnell unübersichtlich wird. Trenne diese Dinge voneinander. Nutze eine To-do-Liste für alle Aufgaben, die du am heutigen Tag erledigen willst, die aber zeitlich nicht fixiert sind. In den Kalender hingegen notierst du nur die Aufgaben, die zeitlich fest vereinbart sind – sozusagen die Termine. Dabei spielt es überhaupt keine Rolle, ob du die To-do-Liste digital oder auf Papier führst.

**Trenne feste Termine von zeitlich flexiblen To-dos.**

Wichtig ist auch, dass du anfängst, dir für die Aufgaben weniger Zeit zu geben, als du normalerweise einplanen würdest. Laut dem Parkinsonschen Gesetz erstreckt sich eine Aufgabe immer über den Zeitraum, der uns dafür tatsächlich zur Verfügung steht. Das bedeutet, dass man sich (unnötig) mehr Zeit für Aufgaben lässt, wenn man viel Zeit hat. Man könnte die Aufgabe also genauso gut erledigen, wenn einem dafür weniger Zeit zur Verfügung stünde. Dadurch entsteht anfangs zwar eine Art Stress, aber es ist ein positiver Stress, der dafür sorgt, dass du produktiver bist. Achte auch darauf, dass du nicht den ganzen Tag verplanst. So hast du Freiräume für Aufgaben, die sich spontan ergeben.

**Gib dir für Aufgaben weniger Zeit, als du normalerweise einplanen würdest.**

Ich selbst komme aus der Kreativbranche, wo die Themen Planung und Organisation nicht so streng genommen werden. Aber ich bin der festen Überzeugung, dass jeder, der gut plant, sich automatisch Freiraum für Kreativität und Spontaneität schaffen kann.

Was To-dos angeht, habe ich noch einen Tipp, der für mich sehr gut funktioniert: Wenn du deine Aufgaben, Termine und To-do-Punkte planst, dann setze die schwierigsten und größten Aufgaben immer an den Anfang und beginne mit ihnen. In den USA gibt es dazu ein passendes Sprichwort: »Eat that frog«. Wenn du morgens zum Frühstück schon einen

Frosch isst, kann es doch nur angenehmer werden. Wenn zwei Frösche zur Auswahl stehen, dann iss zuerst den hässlicheren. Das bietet gleich zwei Vorteile: Wenn du die großen und schwierigen Aufgaben zu Beginn erledigst, bist du noch fit und dir steht reichlich Energie zur Verfügung. Außerdem ist es motivierend, weil du den Rest des Tages nur noch vergleichsweise einfache Aufgaben vor dir hast.

---

**Beginne immer mit den schwierigsten Aufgaben.**

---

Auch wenn es eine Umstellung ist, und es sich zunächst noch ungewohnt und vielleicht unbequem anfühlt, so empfehle ich dir dennoch, an deiner Selbstorganisation und Planung zu arbeiten. Es lohnt sich.

## Not-to-do-Liste

Viele Coaches raten regelmäßig dazu, mit To-do-Listen zu arbeiten – wie der vorherige Abschnitt zeigt, gehöre ich ebenfalls dazu. Dahinter verbergen sich Listen, auf denen all das notiert ist, was man noch zu erledigen hat. Das ist in der Tat sehr hilfreich und sinnvoll, da du die Wahrscheinlichkeit reduzierst, eine Aufgabe zu vergessen.

Wenn du in den vollkommenen Beastmode kommen beziehungsweise eine Top-Produktivität erreichen willst, solltest du außerdem mit Not-to-do-Listen arbeiten. Darauf notierst du dir all das, was dir in der Vergangenheit nichts gebracht hat oder was du in der Zukunft nicht mehr tun willst. Auf diese

Art und Weise kannst du sehr viel Zeit gewinnen und dich so wichtigeren Sachen widmen.

---

**Arbeite mit Not-to-do-Listen, um eine Top-Produktivität zu erreichen und Zeit zu sparen.**

---

So könnte eine Not-to-do-Liste aussehen.

Not-to-do-Listen eignen sich aber nicht nur für die Produktivität. Sie lassen sich auch nutzen, um sich negative Gewohnheiten und Bequemlichkeiten abzugewöhnen. Ich möchte zum Beispiel bewusst den Fahrstuhl meiden, weil ich beim Treppenlaufen genauso schnell vorankomme und dabei sogar noch etwas Gutes für meinen Körper tue. Also notiere ich mir dieses Vorhaben auf meiner Not-to-do-Liste und hake den Punkt genussvoll am Ende des Tages ab, wenn ich tatsächlich der Treppe den Vorzug vor dem Fahrstuhl gegeben habe.

## Nein sagen

Wir sagen im Alltag viel zu oft zu vielen Dingen Ja und ärgern uns später darüber. Aber warum nicht mal öfter Nein sagen? Das ist natürlich nicht so einfach, da vieles immer so verlockend klingt oder man die Bitte um einen Gefallen aus Höflichkeit nicht ablehnen möchte. Aber frage dich bei jedem möglichen Angebot, das hereinflattert (sei es nun ein Kundenangebot oder die Aufforderung, etwas zu kaufen), erst einmal, ob dich das auch wirklich weiterbringt, oder ob du es nicht besser sein lässt, weil es nicht zu deinem Kernziel passt.

---

**Frage dich, ob es dich weiterbringt, wenn du Ja sagst.**

---

Es stecken sehr viele versteckte Vorteile hinter einem fairen Nein. Du bekommst zum Beispiel mehr Zeit, die du dann den Dingen widmen kannst, die dir wirklich etwas bringen. Oder vielleicht möchtest du die Zeit auch einfach in deine Familie, deine Freunde oder dein Wohlbefinden investieren?

---

**Nein sagen schafft dir Freiraum und Zeit für andere Dinge.**

---

Ein weiterer Vorteil: Du kannst dich mit einem Nein auch wunderbar positionieren. Du zeigst damit nämlich, dass man dich nicht immer so einfach bekommt. Ein Nein kann dich zudem auch vor Rückschlägen schützen, denn, wie bereits erwähnt, wir sagen viel zu oft Ja.

---

**Ein Nein kann vor Rückschlägen schützen und hilft dir, dich zu positionieren.**

---

Meiner Erfahrung nach lohnt es sich, auf sein Bauchgefühl zu hören. Man erkennt sehr oft intuitiv am besten, wann es sinnvoll ist, abzulehnen. Fühlt es sich komisch an, dann sage lieber Nein. Denke nicht zu lange darüber nach, denn je mehr deine Vernunft und Logik sich einbringen, desto eher kann es sein, dass du doch wieder Ja sagst. Meines Erachtens liegt das Bauchgefühl in den meisten Fällen richtig. Wenn du also das nächste Mal ein Angebot oder eine Anfrage bekommst, dann höre zunächst auf deinen Bauch. Nimm ein paar tiefe Atemzüge und entscheide dich dann.

---

**Höre beim Entscheiden zunächst auf dein Bauchgefühl.**

---

Es kann auch hilfreich sein, das Nein zu suchen. Versuche bewusst Argumente dagegen zu finden. Wenn du dann merkst, dass es keinen Sinn macht, Nein zu sagen, weil die Vorteile überwiegen – tja, dann kannst du dich natürlich mit einem Grinsen im Gesicht für ein fettes und freudiges Ja entscheiden.

Ich glaube, dass wir viel zu leicht zu Dingen Ja sagen, die noch in weiter Entfernung liegen. Später, wenn das Ereignis dann plötzlich ansteht, ärgern wir uns, dass wir zugesagt haben. Mir hilft es, darüber nachzudenken, ob ich dieses Angebot auch annehmen würde, wenn es bereits morgen oder übermorgen wäre. Ich habe ja bereits erwähnt, dass ich früher oft den Fehler gemacht habe, Dingen zuzustimmen, die noch ganz weit in der Ferne lagen, weil ich ja dann noch Zeit hatte, mich darauf vorzubereiten und einzustellen. Wenn der Tag dann aber kam, habe ich gemerkt, dass es eigentlich besser gewesen wäre, abzulehnen.

---

**Frage dich immer: Würdest du auch Ja sagen, wenn das Ganze schon morgen stattfinden würde?**

---

## Checklisten

Während meiner Zeit beim Militär habe ich natürlich einiges gelernt, das sich auch im Alltag anwenden lässt. Neben den Handzetteln erinnere ich mich auch noch besonders gut an die guten alten Taschenkarten. Im Prinzip handelt es sich hierbei um eine Art Checkliste, die alle wichtigen Informationen umfasst, die du bei dir haben solltest. Wenn du in eine Situation kommst, in der du diese Informationen benötigst, kannst du auf der Taschenkarte nachschauen, was du in diesem Fall zu tun hast.

Heute frage ich mich, warum es so etwas nicht im Alltag gibt. Zum Beispiel könnte man in die Seite jedes Rucksacks eine Taschenkarte zum Thema Erste Hilfe einnähen. Ganz ehrlich, was wäre denn, wenn etwas passiert? Wer hat denn wirklich all diese Informationen auf Abruf parat?

Ich selbst nutze heute noch Taschenkarten, allerdings in Form von Checklisten. Ich schreibe gewisse Informationen oder Tätigkeiten in der Reihenfolge auf, in der ich sie benötige. Diese Notizen kommen dann entweder in eine App, oder ich schreibe sie auf ein Blatt Papier. Immer dann, wenn ich diese Informationen brauche, schaue ich nach. Je öfter ich das tue, desto größer ist die Wahrscheinlichkeit, dass ich irgendwann alles auswendig weiß. Dann wird die Checkliste nicht mehr benötigt.

---

**Schreibe dir wichtige Informationen oder Tätigkeiten in der Reihenfolge auf, in der du sie benötigst.**

---

Genau diese Vorgehensweise möchte ich dir ebenfalls empfehlen. Frage dich doch einmal: Was findest du wirklich wichtig und gut? Welche Dinge hast du vielleicht vor Kurzem gelernt, die du ohne Hilfsmittel noch nicht abrufen kannst? All diese Informationen schreibst du dir dann als eine Art Leitfaden oder Checkliste auf. Darauf greifst du dann so lange zurück, bis du es auswendig kannst.

---

**Greife auf deine Checkliste so lange zurück, bis du die Informationen auswendig kannst.**

---

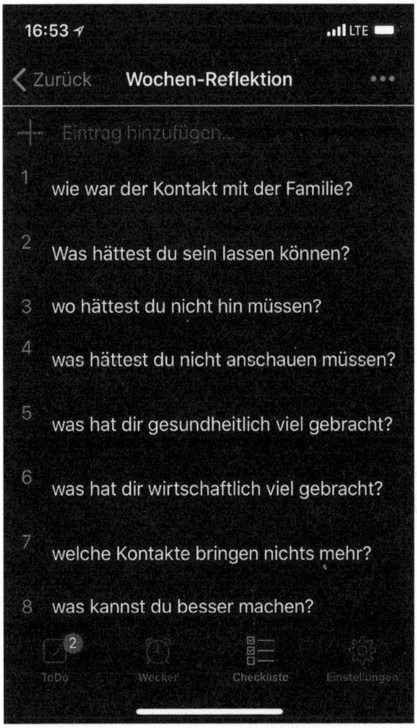


Das ist eine Checkliste, die ich für die Reflexion meiner Woche nutze. (Screenshot aus der App »Boostify«)

Setze dich jetzt am besten hin und überlege dir, welche Checklisten für dich am sinnvollsten sind. Bei mir ist es meistens so, dass der Großteil der Checklisten nach einer Weiterbildung entsteht, oder nach einem Fehler, den ich analysiert habe. Dann sind die ganzen Gedanken nämlich noch frisch. Die Checkliste lege ich mir dann auf den Schreibtisch oder speichere sie in einer App wie zum Beispiel Evernote ab, und verwende sie so lange, bis ich es eben auswendig kann oder mir der Fehler nicht mehr passiert. Denke drüber nach – Checklisten lohnen sich zu 100 Prozent!

## Die 72-Stunden-Regel

Man sagt, dass alles, was nicht innerhalb von 72 Stunden begonnen wird, nur eine Erfolgschance von einem Prozent hat. Das kann ich aus meiner Erfahrung heraus absolut bestätigen. Mich würde ja echt mal interessieren, wer die 72-Stunden-Regel erfunden hat. Warum? Dann könnte ich mich bei dieser Person bedanken! Die 72-Stunden-Regel hat dafür gesorgt, dass ich viele meiner Projekte überhaupt erst angefangen und dann auch wirklich bis zum Ende abgeschlossen habe.

Du kennst das vermutlich auch aus deiner eigenen Erfahrung: Du hast gerade eine tolle Eingebung oder Idee, brennst für etwas und bist voller Power, aber du kommst gerade nicht dazu, diese Idee umzusetzen. Und nach ein paar Tagen merkst du, dass der Wind einfach raus ist. Natürlich erfolgt dann keine Umsetzung. Mir ging es früher ständig so, und leider passiert es mir auch heute noch ab und an – glücklicherweise aber sehr viel seltener.

Bei der Regel geht es nicht darum, die Idee innerhalb von 72 Stunden komplett fertigzustellen – es geht nur darum, dass du innerhalb von 72 Stunden damit beginnen solltest. Du kannst also zunächst nur die ersten Schritte gehen. Für die restlichen Aufgaben empfehle ich dir, einen Plan zu erstellen, der dir hilft, dein Projekt in den nächsten Tagen und Wochen umzusetzen.

---

**Beginne innerhalb von 72 Stunden und plane dann dein weiteres Vorgehen.**

---

Bei uns im Unternehmen haben wir das sogar auf 36 Stunden verkürzt. Natürlich gibt es Ausnahmen. Aber inzwischen sind wir fast schon so weit, dass wir nur noch Ideen umsetzen, welche sich innerhalb von 24 Stunden komplett abschließen lassen. Das ist kein Witz.

Nimm das Feuer und die Euphorie, die du zu Beginn hast, mit. Fange direkt an und sei gerade bei neuen Gedanken und Ideen auf keinen Fall zu geduldig. Es scheitern so viele Projekte, weil man sie erst mal nach hinten schiebt, und man dann nicht mehr diese Begeisterung aufbringt.

Die 72-Stunden-Regel, oder noch besser, die 24-Stunden-Regel, empfehle ich dir auch, wenn dich jemand kontaktiert (zum Beispiel ein Kunde oder jemand mit einer Anfrage). Reagiere sofort, wenn der Kunde noch richtig Bock hat und alles noch frisch ist.

Mache dir gerne eine Notiz am Arbeitsplatz, um dir die Zahl 72 visuell immer wieder vor Augen zu halten und dich daran zu erinnern.

## Tools und Software

In meiner Kindheit nutzte ich zuerst einen Sega Mega Drive, bis später irgendwann der C64 dazu kam. Wieder ein paar Jahre später kam dann das Internet. Zu dieser Zeit musste man sich noch mit einem Modem einwählen, das komische Geräusche von sich gab. Im Vergleich zu heute war das schon eine ganz andere Zeit, denn ein heutiges Smartphone leistet ja bereits deutlich mehr, als es damals die besten Computer konnten. Alles entwickelt sich rasend schnell. Und das betrifft nicht nur die Hardware, sondern auch die Software und digitalen Tools, die dein Leben und deinen Beruf vereinfachen können. Ich persönlich greife auf eine Menge solcher Apps zurück und arbeite damit viel produktiver als früher. Es hilft enorm, stets die Augen nach nützlichen Tools offen zu halten.

Gerade wenn es darum geht, wirtschaftlich erfolgreich zu sein, sollte man sich die Digitalisierung zunutze machen. Warum sollte man alles selbst machen, wenn es Plattformen gibt, die dir die ganze Arbeit abnehmen können und sich systematisch darauf spezialisiert haben? Warum sollte man etwas selbst programmieren, wenn andere es schon getan haben und dir die Resultate günstig zur Verfügung stellen?

---

**Halte Ausschau nach nützlichen Tools und nutze fertige Produkte, die du nur noch für deine Zwecke anpassen musst.**

---

Ich selbst schaue alle paar Tage in den App-Store und kaufe regelmäßig Zeitschriften, in denen man verschiedene Softwaretipps findet. Wo früher ein Expertenteam gebraucht wurde, kann man heute zum Teil mit wenigen Klicks selbst am Handy viel erreichen. Dabei denke ich zum Beispiel an das Thema Videoschnitt, das sehr komplex werden kann, für das es heute aber Software und Apps gibt, die im Prinzip alles für dich erledigen. Du musst einfach nur noch deine Aufnahmen und deine Musik hochladen und bekommst ein fertig geschnittenes Video.

In deinem Bereich die neueste Technik und Software zu besitzen, bedeutet, einen Wettbewerbsvorteil zu haben. Es gibt immer noch reichlich Kollegen und Konkurrenten, die sich nicht damit befassen.

Du solltest auch auf keinen Fall an der Hardware sparen, sondern lieber regelmäßig ein paar Euro mehr in einen vernünftigen Rechner investieren. Das ist simple Mathematik: Es lohnt sich, da es viel teurer ist, am Rechner zu sitzen und ewig auf ein Resultat zu warten (weil er wieder zu langsam ist oder das Internet nicht funktioniert), als einfach in zuverlässige Technik zu investieren. Also schaue, in welchen Bereichen du regelmäßig tätig bist. In diesen solltest du immer auf dem aktuellsten Stand sein und nicht am falschen Ende sparen.

---

**Neue Technik, Soft- und Hardware zu besitzen, bedeutet auch, einen Wettbewerbsvorteil zu besitzen.**

---

Wenn du dich selbst nicht so gut mit Software und Tools auskennst, hilft es, ein Netzwerk zu Menschen aufzubauen, die sich hauptberuflich damit befassen. Eine Mittagspause mit solchen Personen, in der du ein paar gezielte Fragen stellst, kann dir zukünftig viele tausend Euro sparen. Ich habe das selbst oft erlebt: Jedes Mal, wenn ich mit solchen Menschen zusammensitze und mich ein wenig austausche, werden Tools und Apps diskutiert, die ich dann recherchiere und ausprobiere. Manche dieser Produkte nutze ich dann langfristig und kann dadurch viel Zeit sparen.

Meine Eltern machen das übrigens nicht. Jedes Mal, wenn ich sie besuchen komme, höre ich dann solche Sachen wie, »Wow, unglaublich, wie einfach das ist. Was man alles so machen kann!« Warte nicht, bis diese Tools und Möglichkeiten irgendwann zu dir kommen, denn dann ist es meistens schon zu spät. Nimm dir immer wieder Zeit und informiere dich über neue Software, Tools und Möglichkeiten, die dein Leben und dein Business einfacher machen.

## Produktivität steigern

Lass uns mal das Thema Produktivität – und deren Steigerung – ganz sachlich angehen. Im Prinzip hast du zwei Möglichkeiten, um produktiver zu werden. Die erste besteht darin, dass du an einer Tätigkeit länger arbeitest. Du investierst dann also mehr Zeit in deine aktuelle Aufgabe. Die zweite Möglichkeit ist, dass du die Aufgabe einfach intensiver beziehungsweise besser ausführst.

Das erste Beispiel macht in der Regel wenig Sinn, da sich die investierte Zeit ausdehnt, was meines Erachtens nach wenig mit Produktivität zu tun hat. Du bist in dem Fall vielleicht effektiv, hast aber mehr Zeit verbraucht, sodass du nicht mehr effizient bist.

**Effektiv sein bedeutet , die richtigen Dinge zu tun, und Effizienz bedeutet, die Dinge richtig zu tun.**

Ich möchte dir hier ein Beispiel geben: Wenn du in einem Fitnessstudio eine Woche lang jeden Tag zwei Stunden lang ganz leicht (oder vielleicht sogar falsch) trainierst, bist du aufgrund der Quantität an Trainingszeit unheimlich effektiv. Du bist aber viel effizienter, wenn du nur zweimal die Woche richtig trainierst. Das ist der Unterschied zwischen effektiv und effizient sein.

Dein Ziel sollte also darin bestehen, effizient zu arbeiten, um deine Produktivität zu steigern. Frage dich bei jeder Tätigkeit, die du ausführst, ob es nicht etwas richtiger beziehungsweise etwas intensiver oder besser geht. Arbeite nicht daran, die Zeit auszudehnen, sondern die Art und Weise, wie du daran arbeitest, zu verbessern. Frage dich auch, ob dir eventuell Wissen zu der Tätigkeit fehlt, oder sogar sinnvolle Hilfsmittel.

## Pareto-Prinzip

Seit dem ersten Tag meiner Laufbahn als Calvin Hollywood hatte ich noch nie viel Zeit, um an meinen Aufgaben beziehungsweise an meinen Zielen zu arbeiten. Als ich noch beim Militär war, kam ich erst um 18 Uhr nach Hause, und dort warteten dann schon meine beiden Kinder und meine Frau auf mich, mit denen ich auch Zeit verbringen wollte. Das heißt, dass ich jeden Tag maximal drei bis vier Stunden Zeit hatte, um mir meine Träume zu verwirklichen.

Dieses Prinzip, in vier Stunden Gas zu geben und das Höchstmögliche zu erreichen, haben wir im Jahr 2016 dann hier bei uns im Unternehmen für alle Mitarbeiter übernommen. Zwischen 9.00 und 13.00 Uhr werden alle anstehenden Aufgaben abgearbeitet, damit man den Nachmittag für kreative Dinge zur Verfügung hat – sei das nun Weiterbildung, Sport oder freie Projekte. Unser Anspruch war es also, in der Hälfte der Zeit das Gleiche, beziehungsweise langfristig sogar mehr, zu schaffen als andere, die acht Stunden arbeiten.

Eine Strategie, die dazu geführt hat, dass wir dies seit Jahren erfolgreich anwenden können, ist das Pareto-Prinzip, auch 80-20-Regel genannt. (Übrigens handelt es sich dabei um meine Lieblingsstrategie, deshalb sind die Zahlen 20 und 80 auf jedem meiner Autokennzeichen zu finden.) Das Prinzip besagt, dass du dich auf jene 20 Prozent der Dinge konzentrieren solltest, die dir 80 Prozent deines Erfolges bringen. Das können die Kunden sein, die den meisten Umsatz generieren, die Tätigkeiten, die dich voranbringen oder auch die Menschen, die dir das ermöglichen, was du brauchst und erwartest. In der Regel ist es so, dass wir 80 Prozent unserer Zeit mit den Tätigkeiten verbringen, die uns am wenigsten bringen. Überprüfe daher, wo du in deinem Alltag das Pareto-Prinzip anwenden kannst, und fokussiere dich dann immer mehr auf die wenigen Dinge, die wirklich sinnvoll sind.

---

**Wende das Pareto-Prinzip an und fokussiere dich immer mehr auf die wenigen Dinge, die wirklich sinnvoll sind.**

---

Ein kleiner praktischer Tipp: Setze dich doch mal jeden Freitag, pünktlich zum Wochenende, hin und überprüfe, was du diese Woche alles gemacht hast. Was davon kannst du ein wenig vernachlässigen, was kannst du vielleicht komplett weglassen, und was solltest du vertiefen, weil es dir wirklich etwas bringt?

## Blair-Witch-Project-Strategie

Neben dem Pareto-Prinzip wende ich eine weitere Strategie an, die ich die Blair-Witch-Project-Strategie nenne. Dabei geht es darum, dass wir die meisten Dinge einfach zu perfekt machen. Vielleicht hast du den Film »The Blair Witch Project« ja gesehen? Lange Zeit war er der erfolgreichste Film gemessen am Verhältnis von Ausgaben zu Einnahmen. Die Macher haben also sehr wenig Budget aufgebracht, mit dem Film wurde aber sehr viel Geld eingespielt. Dabei ist dieser Film technisch nicht besonders aufwendig produziert. Im Gegenteil: er profitiert gerade durch die Low-Budget-Produktion, wirkt dadurch authentisch und erzeugt mehr Angst, was bei einem Horrorfilm ja durchaus erwünscht ist. Außerdem konzentriert sich der Film auf das Wesentliche.

So ist es auch bei uns in der Dienstleistungsbranche: Wir wollen es zu oft zu perfekt machen, aber die Perfektion wird vom Gegenüber oftmals gar nicht erkannt. Ich habe festgestellt, dass es meistens reicht, wenn es für mich »gut« ist, weil das für den Anderen schon »perfekt« ist.

Aber wie findest du heraus, was ausreichend oder gut ist? Am besten, indem du fragst. Du fragst deine Kunden aber nicht, was sie nicht mögen oder nicht brauchen, sondern du fragst dein Gegenüber häufiger, was ihm oder ihr besonders gut gefallen hat. Dann wirst du vielleicht feststellen, dass das, worauf du selbst am meisten Wert legst und womit du am meisten Zeit verbringst, gar nicht genannt wird. In dem Fall kannst du diesen Aspekt etwas reduzieren und dadurch viel Zeit sparen.

---

**Oft reicht es aus, die Dinge gut statt perfekt zu machen . Dein »gut« ist für den Kunden »perfekt«.**

---

# 5

# Lernen & Weiterbilden

Pat Riley, ein ehemals erfolgreicher Basketball-Coach, hat mal gesagt, dass man schlechter wird, wenn man nicht bestrebt ist, besser zu werden. Ein toller Satz, dem ich wirklich nur zustimmen kann – denn die Erde dreht sich weiter, alles entwickelt sich, und wer nicht dranbleibt, darf sich später nicht beklagen, wenn er abgehängt wurde.

Ist dir schon mal aufgefallen, dass die meisten erfolgreichen Menschen sich ständig weiterbilden? Man hört sie nie sagen: »Kenne ich schon« oder »Brauche ich nicht«. Ich kann meinem Freund Ben Ouattara nur beipflichten, wenn er sagt: »Man sollte stets ein Schüler des Lebens sein.«

In meinem Unternehmen muss man sich während der Arbeitszeit weiterbilden. Ja, richtig gelesen: Das ist keine freiwillige Tätigkeit. Wie oft hört man den Satz: »Ich komme aktuell gerade nicht dazu, mich weiterzubilden.«? Fühlst du dich ertappt? Also, vielleicht nicht jetzt gerade, da du ja das Buch liest, aber so generell: Wie oft hast du diesen Satz schon ausgesprochen? Ich kann diese Ausrede nicht so recht gelten lassen, denn im Grunde bietet sich fast immer die Möglichkeit, zu lernen. Man muss es nur wollen.

Es gibt eigentlich nichts Wichtigeres als Weiterbildung. Auch wenn es nicht sofort für eine positive Veränderung oder einen höheren Umsatz sorgt, so ist es die Saat für den langfristigen Erfolg. Dabei spielt es keine Rolle, ob wir vom persönlichen oder wirtschaftlichen Erfolg sprechen.

Schau doch mal, in welchem Luxus wir heute leben. Im Gegensatz zur Schulzeit, in der uns genau vorgegeben wurde, was wir zu lernen haben – egal, ob wir es gut fanden oder nicht und egal ob es sinnvoll war oder nicht – können wir inzwischen frei wählen, worin wir besser werden wollen. Nutze diese Möglichkeit und nimm dir die Zeit dafür, zu lernen und dich weiterzubilden.

## Warum Bücher so wertvoll sind

Mal ganz davon abgesehen, ob du nun ein Hörbuch hörst oder ein Buch liest: Es ist der absolute Wahnsinn, welches Wissen man in Büchern findet. Da stellen doch tatsächlich Menschen ihre 25-jährige Arbeit, für die sie vielleicht sogar einen Nobelpreis bekommen haben, für gerade mal 30 Euro zur Verfügung. Wie viele Stunden und wie viel Geld haben diese Personen in Studien, Experimente und so weiter investiert? Und wir bekommen das für so wenig Geld. Das ist schon fast verrückt!

Aber genau das ist das Problem. Dadurch, dass das Wissen so günstig ist, wird es oft nicht geschätzt. Und die meisten Menschen lesen ein Buch nicht zu Ende. Was würde denn passieren, wenn ein Buch 2.000 Euro kosten würde? Wie würdest du es lesen? Würdest du nach ein paar Seiten wieder abbrechen, weil du vielleicht der Meinung bist, dass du schon alles kennst oder es etwas anders siehst – oder würdest du es zu Ende lesen?

Genau das ist mein Tipp: Wenn du ein Buch hast, dann ist dieses Buch wahrscheinlich sehr, sehr wertvoll. Nehmen wir dieses Buch hier. Ich gebe dir meine besten Tipps aus fast 20 Jahren Erfahrung. Weißt du, wie viel Geld mich diese Erfahrungen gekostet haben? Jetzt stelle dir bitte vor, du hättest in dieses Buch 2.000 Euro investiert. Genau so solltest du Bücher generell betrachten. Schätze das Wissen, denn es wird dich weiterbringen.

---

**Nimm nicht den Preis des Buches als Maßstab, sondern das Wissen und die Erfahrung, die darin stecken.**

---

In Büchern erfährst du ja nicht nur die Fehler der Personen, die schon viel probiert haben, sondern du erfährst auch, was für sie funktioniert hat. Brian Tracy, ein Erfolgscoach, meinte mal, dass man, um erfolgreich zu werden, einfach nur das machen muss, was die Personen gemacht haben, die da sind, wo du hinmöchtest. So banal das auch klingen mag: Bis auf ein paar kleine Anpassungen ist es genau so. Und was diese Personen gemacht haben, erfährt man in ihren Büchern.

Es gibt noch einen ganz wichtigen Grund, warum ich Bücher so wertvoll finde: Bei keinem anderen Medium brauchst du eine so große Aufmerksamkeit wie beim Lesen. Denn du kannst ein Buch nicht einfach mal so nebenbei lesen. Aus diesem Grund wirst du bei einem Buch wahrscheinlich immer mehr mitnehmen als bei einem Video oder Hörbuch, das man theoretisch auch nebenbei konsumieren kann, während man noch etwas anderes macht und deshalb abgelenkt ist.

## Wie ich Bücher lese

Eben habe ich dir erklärt, wieso man Bücher lesen sollte. Jetzt möchte ich dir erzählen, wie ich Bücher lese, um möglichst viel zu lernen und schnell voranzukommen.

Jeden Tag nehme ich mir mindestens 30 Minuten Zeit zum Lesen.

Lesen gehört für mich definitiv zur Crème de la Crème der Weiterbildung. Schon früher, als ich angefangen habe, Interviews mit erfolgreichen Menschen zu hören, habe ich immer wieder erfahren, dass diese meistens sehr viel lesen. Das hat mich zu der Entscheidung geführt, dass ich auch mehr Bücher lesen möchte. Ich hatte aber oft das Gefühl, nicht richtig voranzukommen. Das lag daran, dass ich immer sehr schnell müde wurde und es mich nicht sonderlich motiviert hat. Im Prinzip hatte ich auch keinen richtigen Workflow beim Lesen – es hat mir nämlich nie jemand gezeigt! Um dieses Problem zu beseitigen, habe ich mir dann relativ früh die ersten Bücher zu den Themen Lesen und Lesetechniken geholt. Leider brachte mich das auch nicht viel weiter.

Damit du schneller in das Lesen hineinkommst und mehr herausholen kannst, möchte ich dir jetzt meinen kompletten

Workflow vorstellen, den ich mir in den letzten Jahren angeeignet habe. Es steckt die Erfahrung von über 250 gelesenen Büchern darin.

Ich nehme mir jeden Tag etwa 30 Minuten Zeit, um zu lesen. Bei meiner aktuellen Lesegeschwindigkeit schaffe ich pro Minute etwa eine Seite, was wiederum dazu führt, dass ich etwa drei bis vier Bücher pro Monat lese. Allerdings bin ich im Jahr auch drei- bis viermal im Urlaub, und sieben bis zehn Tage lese ich mehrere Stunden täglich. Dann bin ich auch häufig geschäftlich auf Reisen und dabei mehrere Stunden im Zug oder Flugzeug. Auch hier wird wieder gelesen. So teile ich mir meine Zeit ein. Du siehst, so kommt eine Menge Lesezeit zusammen. Dir möchte ich auf jeden Fall raten, etwa 30 Minuten am Tag zu investieren, um ein Buch zu lesen.

---

**Verbringe jeden Tag mindestens 30 Minuten mit Lesen**

---

Damit du etwas schneller lesen kannst und auch die Inhalte besser verarbeitest, solltest du dir den Klappentext des Buches durchlesen. Da dieser den Inhalt meist sehr gut zusammenfasst, weiß dein Gehirn vorab schon grob, worum es geht, und kann somit den Inhalt beim Lesen des Buches besser verarbeiten.

---

**Informationen wie der Klappentext helfen dir, das Buch später inhaltlich besser zu verarbeiten.**

---

Wenn ich lese, dann selten direkt vor dem Schlafengehen, weil ich da meistens zu müde bin und sehr schnell in eine tiefe Entspannungsphase komme, was nicht mehr dem optimalen Bewusstseinszustand entspricht, bei dem man am besten lernt. Also lese ich etwa ein bis zwei Stunden vor dem Zubettgehen oder sehr früh morgens nach dem Aufstehen. Zu diesen Zeiten befinde ich mich in einer leicht entspannten Situation, die es mir erlaubt, auch etwas länger zu lesen, ohne müde zu werden.

---

**Lies nur dann, wenn du entspannt, aber nicht zu müde bist.**

---

Ich habe immer einen Kugelschreiber und einen Textmarker dabei. Alles, was ich in einem Buch interessant finde, unterstreiche ich mit dem Kugelschreiber. Alles, was ich wichtig empfinde, unterstreiche ich mit dem Textmarker. Wenn ich der Meinung bin, gerade etwas gelesen zu haben, das ich unbedingt umsetzen oder aus dem ich eine To-do-Aufgabe erstellen möchte, dann wird es mit dem Textmarker fett markiert.

Habe ich das Buch fertig gelesen, blättere ich es noch einmal komplett durch und lese mir alles durch, was mit einem Textmarker entweder unterstrichen oder markiert wurde. Nur das, was mit dem Textmarker fett markiert wurde, wird noch einmal separat notiert. Dafür nutze ich Evernote, ein Programm zum Ablegen von Informationen. Dort bekommt jedes gelesene Buch einen eigenen Ordner mit allen Notizen, welche ich im Buch fett markiert habe.

Diese ganzen Learnings lese ich mir anschließend mehrfach durch und versuche, daraus eine Aufgabe zu erstellen. Fällt mir zu einem Learning keine Aufgabe oder Umsetzungsmöglichkeit ein, bleibe ich noch ein paar Minuten am Ball und denke weiter darüber nach. Ich muss zugeben, dass es mir nicht immer gelingt, aus einem aufgeschriebenen Learning eine Aufgabe zu erstellen. Bei etwa einem Drittel habe ich jedoch Erfolg, und wenn ich dann eine Aufgabe erstelle, geht es auch sehr zeitnah (innerhalb von 72 Stunden) an die Umsetzung.

---

**Notiere dir Wichtiges und arbeite nach dem Lesen mit den Notizen, indem du dir Aufgaben stellst.**

---

Eine Statistik besagt übrigens, dass über 80 Prozent der Bücher nicht zu Ende gelesen werden. Ich hoffe, dass du diesen Fehler nicht machst, und dass wir mit meinem Buch hier diesen Schnitt definitiv nach unten ziehen. Bist du dabei?

## Die vier Lernstufen

In diesem Teil wird es etwas fachlicher, denn es geht jetzt um die vier Lern- beziehungsweise Kompetenzstufen. Sie bilden die Grundlage des Lernens. Und aus diesem Grund möchte ich auch etwas ausführlicher darauf eingehen.

### Unbewusste Inkompetenz

Beginnen wir mit der ersten Lernstufe, der unbewussten Inkompetenz. Das ist die Phase, in der einem selbst nicht bewusst ist, dass man etwas noch nicht kann. Wir kennen das vielleicht aus der ersten Runde der Fernsehsendung *Deutschland sucht den Superstar.* Dort treten immer wieder Menschen auf, denen nicht bewusst ist, dass sie gar nicht singen können. Du ahnst es sicher bereits: So eine unbewusste Inkompetenz kann manchmal ziemlich peinlich werden. Aus diesem Grund ist es wichtig, dass wir uns nicht in so einer Lernstufe befinden. Um das zu vermeiden, sollte man auf sein Umfeld hören – und zwar auf ein Umfeld, welches sich nicht in der unbewussten Inkompetenz befindet. Wir müssen also auf ein kompetentes Umfeld hören.

---

**Suche dir ein kompetentes Umfeld, das dich auf deine unbewusste Inkompetenz hinweist.**

---

Das heißt, alle, die bei *DSDS* auftreten wollen, sollten sich vorher die Meinung von jemandem einholen, der Ahnung vom Singen hat. Wenn Menschen sich dazu äußern, die sich in dem Bereich gar nicht auskennen, die womöglich sogar emotional vorbelastet sind, weil man gut befreundet ist oder es sich um Familienangehörige handelt, wird das Bild oft verfälscht. So erkennen wir gar nicht, dass wir etwas nicht können. Sorge also dafür, dass du dir Rat bei Menschen holst, die das können, was du lernen willst, und die keine Scheu davor haben, dir die Wahrheit zu sagen.

## Bewusste Inkompetenz

Die bewusste Inkompetenz ist die Phase, in der du bemerkst, dass du etwas nicht kannst. Das ist eigentlich eine sehr gute

Phase, denn jetzt kannst du entscheiden, ob du etwas dagegen tun willst. Vielleicht willst du das gar nicht, weil du das, was du nicht kannst, gar nicht benötigst. Oder du suchst stattdessen jemanden, der dir bei der Aufgabe, die du nicht bewältigen kannst, hilft, oder sie für dich übernimmt. Es ist gar nicht nötig, immer alles selbst zu machen. Aber wenn man etwas lernen möchte, muss man zuerst feststellen, dass man es noch gar nicht kann.

---

**Erst wenn du merkst, dass du etwas nicht kannst, kannst du dich entscheiden, ob du es lernen möchtest.**

---

## Bewusste Kompetenz

Du kannst etwas! Aber es kostet dich viel Anstrengung. Du musst vielleicht nachlesen und während der Tätigkeit immer hochkonzentriert sein. Das ist der große Nachteil an der bewussten Kompetenz, denn unser Gehirn verbraucht dabei eine große Menge an Energie.

Ich kann mich noch erinnern: Als ich gerade mit der Fotografie begonnen hatte, musste ich ständig nachschauen, welche Einstellungen ich für die jeweilige Situation benötigte. Ich war beim Fotografieren stets mehr damit beschäftigt, die Kamera richtig einzustellen, als mich auf die Person zu konzentrieren, die ich fotografieren wollte. Abends, nach dem Shooting, fiel ich dann fix und fertig ins Bett. Es war keine körperliche, sondern eine geistige Erschöpfung. Diese dritte Phase raubt uns sehr viel Kraft und nimmt uns die Möglichkeit, uns auf andere Dinge zu konzentrieren. Aus diesem Grund ist diese Lernstufe zwar nicht schlecht, aber du solltest die vierte Stufe anstreben – die unbewusste Kompetenz.

## Unbewusste Kompetenz

Hier machst du es einfach nur richtig, und oft weißt du gar nicht, warum, oder wie du es überhaupt machst. Du kennst das vielleicht vom Autofahren. Zu Beginn bist du in der bewussten Inkompetenz: Du setzt dich ins Auto und weißt, du kannst nicht Autofahren. Nach einer Weile steigst du auf zur nächsten Stufe, der bewussten Kompetenz. Du kannst Autofahren, aber du musst noch nachdenken und nachschauen, zum Beispiel wo nochmal der dritte Gang ist, wann man die Kupplung drückt, und so weiter. Wie ist es heute? Vielleicht fährst du einfach Auto und achtest nicht mehr darauf? Falls du noch keinen Führerschein hast, kennst du die vierte Stufe, die unbewusste Kompetenz, auch vom Zähneputzen. Das ist auch eine Tätigkeit, bei der du sicherlich nicht überlegst, sondern einfach nur alles machst. Und das ist das Ziel: in die vierte Stufe zu kommen. Und wie erreicht man das am schnellsten? Mit der Formel, auf die ich an anderer Stelle noch genauer eingehe:

---

**Wissen + Erfahrung = Können**

---

Um noch einmal auf das Fotografieren zurückzukommen: Heute ist es so, dass ich mir das **Wissen** zu den Kamera- und Lichteinstellungen angeeignet und über viele Jahre **Erfahrungen** in der Fotografie gesammelt habe. Somit **kann** ich es heute. Das bedeutet, dass ich mich während des Fotografierens nicht auf das Fotografieren selbst konzentrieren muss. Das hat den Vorteil, dass ich alles um mich herum viel besser wahrnehmen kann – die Kommunikation mit dem Modell, die Beobachtung des Lichts, und so weiter. Dadurch war eine extreme Leistungssteigerung möglich. Aus diesem Grund ist es sehr, sehr wichtig, diese unbewusste Kompetenz zu erreichen.

## Schneller lernen mit diesen Tipps

Nun möchte ich dir noch ein paar Tipps mit auf den Weg geben, wie du dir Wissen schneller aneignen kannst. Ich selbst bin eher der visuelle Lerntyp. Das bedeutet, dass ich etwas besser verstehe, wenn ich es sehe. Man muss es mir also zeigen – ob das live ist oder in einem Video, spielt dabei keine allzu große Rolle. Vielleicht bist du aber kein visueller, sondern ein auditiver Lerntyp? Vielleicht verstehst du etwas am besten, wenn man es dir erklärt. In diesem Fall sind Hörbücher für dich natürlich eine bessere Wahl.

---

**Finde heraus, welcher Lerntyp du bist.**

---

Wenn du das herausgefunden hast, gibt es aber noch einen weiteren Tipp, den viele nicht kennen: Wir lernen am schnellsten dadurch, dass wir es anderen erklären. Keine Sorge – du musst kein Trainer oder Coach sein, um einer anderen Person etwas zu erklären. Wenn du das nächste Mal in einem Buch etwas Spannendes liest oder in einem Video etwas Interessantes siehst, dann sprich mit einer anderen Person darüber und erkläre es ihr. Das ist wirklich ein Mega-Booster, um sich das Wissen noch schneller anzueignen. Du solltest es wirklich einmal ausprobieren.

**Anderen etwas zu erklären, ist ein Mega-Booster, um sich das Wissen noch schneller anzueignen.**

Wichtig für den Lernerfolg ist auch, zu wissen, wann die passende Uhrzeit dafür ist. Wann lernst du bewusst? Ich spreche jetzt nicht davon, sich während der Autofahrt oder in der Pause gestresst ein Hörbuch anzuhören. Ich spreche davon, wann du dir bewusst Zeit nimmst, dir wertvolles Wissen anzueignen. Empfehlenswert ist eine Zeit, in der du leicht entspannt bist, denn in der leichten Entspannung befindet man sich im sogenannten Alpha-Zustand. Das ist ein Bewusstseinszustand, der mit Gehirnwellen gemessen wird, und von dem man sagt, er sei perfekt, um Neues zu lernen. Kurz zur Erklärung: Tagsüber, wenn du aktiv bist, bist du im Beta-Zustand. Nachts, wenn du schläfst, ist wahrscheinlich auch ein sehr schlechter Moment, um sich Wissen anzueignen – dann bist du im Delta-Zustand. Wenn du in tiefer Entspannung bist, befindest du dich im Teta-Zustand (das ist meistens der Fall, kurz bevor zu einschläfst, oder wenn du meditierst). Also: Achte beim Lernen darauf, dass du nur leicht entspannt bist.

**Wenn du leicht entspannt bist, lernst du am besten.**

Das kannst du unter Anderem erreichen, indem du dir ein passendes Umfeld schaffst. Du achtest zum Beispiel auf das Licht, die Raumtemperatur und – ganz wichtig – die Sauerstoffzufuhr. Du solltest auch nicht zu hungrig und nicht zu satt sein, denn wenn du zu viel gegessen hast, setzt die Verdauung ein, was den Körper sehr anstrengt und dich müde macht. Ich selbst lerne am besten mit entspannter Musik. Dazu suche ich einfach bei Musikdiensten wie Spotify nach Begriffen wie »Hintergrundmusik« oder »Fokus«. Viele meiner Kollegen empfehlen auch Brainwaves. Das sind bestimmte Geräusche, die dein Gehirn dabei unterstützen, sich Wissen schneller anzueignen.

---

**Schaffe dir ein Umfeld, in dem du gut lernen kannst.**

---

Lernen ist unheimlich wichtig und du kannst so viel Zeit sparen, wenn du auf diese Tipps achtest. Du solltest wirklich jede Möglichkeit nutzen, dir Wissen anzueignen. Dazu zählen zum Beispiel Hörbücher auf Reisen. Lernen kann man auch in Pausen oder Wartezeiten beim Arzt, in denen man sich beispielsweise Videotalks anschaut. Bei mir ist es so, dass ich mich aus diesem Grund sogar auf längere Zugreisen oder Flüge freue, denn dort ist man ja ein Stück weit eingeschränkt. Diese Eingeschränktheit sorgt dafür, dass ich bewusster und entspannter lernen kann, da ich keinerlei Ablenkung habe. In der Regel stelle ich mir einen Alarm, der etwa zwei Tage vor der Reise klingelt. Dann bereite ich meine eingeschränkte Phase vor, indem ich meine Inhalte heraussuche, mit denen ich mich während der Reise beschäftigen möchte.

---

**Gelegenheiten zum Lernen gibt es immer und überall – nutze sie.**

---

Gerade beim Thema Lernen kommen Routinen und Rituale sehr gut zur Geltung. Was ich dir auf jeden Fall mit auf den Weg geben will, ist, dass du mindestens 30 Minuten am Tag bewusst lernen und dir dafür auch das passende Umfeld schaffen solltest. Sobald du dir regelmäßig die halbe Stunde am Tag nimmst, gewöhnst du dich daran und programmierst dich selbst auf das Lernen.

---

**Nimm dir täglich ca. 30 Minuten Zeit zum Lernen.**

---

## Seminare und Workshops

Ich ärgere mich heute noch darüber, dass ich nicht schon viel früher damit begonnen habe, Events, Workshops und Seminare zu besuchen. Eigentlich habe ich damit erst angefangen, als ich selbst welche gegeben habe. Da wurde ich oftmals zu Veranstaltungen eingeladen, bei denen es auch noch andere Referenten gab – und so bin ich in den Genuss gekommen, mir ihre Vorträge anzuschauen. Dabei habe ich festgestellt, dass es wirklich etwas ganz Anderes ist, ob du live dabei bist und das Wissen aufnimmst, oder ob du irgendwo zu Hause am Computer sitzt und dir ein Video anschaust. Vor dieser Erfahrung war ich immer der Meinung, dass ich alles, was ich lernen möchte, auch auf YouTube oder in Büchern finde, was natürlich auch viel günstiger ist, als zu irgendeiner Veranstaltung zu fahren.

Aber bei einer Offline-Veranstaltung geht es nicht nur darum, Wissen zu vermitteln, sondern es geht primär um Motivation. Wenn du nämlich mehr Zeit in etwas investierst, wie zum Beispiel durch die Anreise oder die Vorbereitung des Workshops, und du den ganzen Tag dort verbringst, dann wird dieser Tag für dich viel wertvoller. Durch all die Zeit, die du investiert hast, wirst du viel eher selbst aktiv. In der Regel sagt man sich dann: »Ich habe so viel Zeit dafür investiert, jetzt muss ich mich auch an die Umsetzung machen, denn es soll sich ja auch lohnen.«

---

**Bei einer Offline-Veranstaltung geht es primär um Motivation und Emotion.**

---

Live werden auch viel mehr Emotionen transportiert – du erlebst etwas. Und Erlebnisse, die mit Emotionen verknüpft sind, bleiben eher und besser in Erinnerung. Das ist ein großer Vorteil von Live-Veranstaltungen. Hinzu kommt, dass du bei einem solchen Event nicht vorspulen kannst, und du kannst auch nicht nach vorne blättern, wie es in einem Buch der Fall ist. Dadurch bist du aufmerksamer und fokussierter.

Ich würde dir empfehlen, pro Jahr zwei bis vier Seminare oder Veranstaltungen einzuplanen. Nimm dir, sofern es dir möglich ist, auch noch einen Tag nach der Veranstaltung frei, um die Inhalte, die du gelernt hast, nachzubereiten. Denn alles, was du auf einer Veranstaltung erfährst, solltest du auch zeitnah umsetzen. Am besten nimmst du zu dem Event noch einen Freund oder eine Freundin mit, um dich mit dieser Person direkt nach dem Workshop auszutauschen.

---

**Bereite die Inhalte des Workshops nach, damit sich das Wissen festigt.**

---

Während Events und Seminare meistens in größeren Gruppen stattfinden, sind Workshops eher praxisorientiert und spielen sich in kleineren Runden ab. Bevor du also in einem kleineren Kreis an einem Workshop teilnimmst, der mehr kostet, empfehle ich dir, zunächst einmal Großveranstaltungen zu besuchen, um ein Gefühl für den Coach zu bekommen. Alternativ kannst du im Vorfeld auch auf YouTube recherchieren oder dir ein Buch des Coaches durchlesen, um zu sehen, ob dieser der Richtige für dich ist und ob er dir helfen kann.

---

**Besuche zunächst einmal Großveranstaltungen und ziehe YouTube und Bücher zu Rate, um ein Gefühl für den Coach zu bekommen.**

---

Wenn du dann ein Event oder ein Seminar besuchst, solltest du in den Pausen definitv nicht an deinem Handy kleben, um Social-Media-Inhalte zu veröffentlichen. Suche stattdessen Kontakte und Gespräche mit anderen Teilnehmern. Ich habe schon sehr viele interessante Menschen auf verschiedenen Veranstaltungen kennenlernt, und oftmals sind daraus langfristige und wertvolle Zusammenarbeiten entstanden.

Noch einmal: Es geht bei einem Workshop oder Seminar nicht nur darum, Neues zu lernen. Es geht darum, die Energie mitzunehmen und sich motivieren zu lassen. Genieße die Zeit vor Ort und erfahre Neues. Anschließend nimmst du diese ganze Power mit in deine Umsetzung, welche zeitnah erfolgen sollte.

## Wissen + Erfahrung = Können

2005 bin ich auf das Programm Photoshop aufmerksam geworden. Die Fotografen unter euch werden es kennen, für alle anderen: Es handelt sich dabei um ein sehr mächtiges, aber auch relativ komplexes Tool für die Bearbeitung von Bildern. Ich habe mir die Funktionen der Software innerhalb eines Jahres angeeignet. Bereits ein Jahr später habe ich für die größten Agenturen in Deutschland Photoshop unterrichtet. Damals haben natürlich viele gefragt: »Calvin, wie geht das? Du bist nach einem Jahr schon so weit, wie andere erst nach fünf Jahren.«

Ein Grund dafür, dass ich mir das so schnell aneignen konnte, ist, dass ich sehr ungeduldig bin und alles immer sehr schnell lernen will. Wenn jemand sehr ungeduldig ist, sucht er in der Regel auch verbissener nach Möglichkeiten, etwas schnell zu bekommen, als ein geduldiger Mensch es tun würde. Aber ich möchte dir jetzt nicht empfehlen, ungeduldig zu sein, um schnell in einer Sache gut zu werden, sondern ich möchte dir eine »Formel« erklären, die ich damals für mich entwickelt habe. Diese Formel lautet: **Wissen + Erfahrung = Können**.

Beginnen wir mit dem Wissen: Heutzutage ist es sehr einfach, an Wissen zu kommen. Du hast nicht nur Bücher, wie es früher schon der Fall war. Inzwischen gibt es auch Hörbücher, Seminare, Zeitschriften, Video-Trainings, Workshops und YouTube. Damals, vor 2005, als das alles noch nicht in diesem Ausmaß verfügbar war, musste ich mir mein Wissen in Foren zusammensuchen. Heute schlägt mir YouTube bereits die Lösung vor, noch ehe ich nach ihr suche. Egal, wozu du

Wissen benötigst – es ist möglich, auf sehr einfache Art und Weise an dieses Wissen zu kommen.

Wie kommt man jetzt an Erfahrung? Erfahrung bedeutet für mich, etwas einfach nur oft zu machen. Du musst also etwas immer und immer wieder tun, um dadurch Erfahrung darin zu sammeln. Das Wissen alleine reicht nicht aus, um etwas zu können. Nehmen wir das Jonglieren eines Balls als Beispiel. Der beste Fußballprofi kann dir die Theorie dazu vermitteln, aber erst, nachdem du Erfahrung gesammelt hast (also es oft gemacht hast), wirst du es irgendwann einmal können. Und das mache ich schon seit zwölf Jahren so – ich lerne quasi durch die Wiederholung. Im Prinzip ist es wie ein Training im Verein. Da gehst du ja auch zweimal in der Woche hin und machst in dieser Trainingseinheit oft immer nur das Gleiche – bis du es irgendwann kannst.

---

**Du musst etwas immer und immer wieder tun, um dadurch Erfahrung zu sammeln.**

---

Eine weitere Möglichkeit, an Erfahrung zu kommen, besteht darin, Fehler zu machen. Das würde ich jetzt nicht unbedingt bewusst anstreben – Fehler passieren automatisch, sobald du etwas machst. Der beste Weg, keine Fehler zu begehen, ist also, nichts zu tun. Aber durch einen Fehler bekommst du die Erfahrung darin, wie etwas nicht funktioniert. Fehler sind im Prinzip kleine Meilensteine der Erfahrung, die du für dein Können brauchst.

Also nochmal zusammengefasst: Merke dir die Formel: Wissen + Erfahrung = Können. Das Wissen kannst du dir über Weiterbildung aneignen und die Erfahrung bekommst du automatisch, je öfter du etwas aktiv tust. Warte nicht, bis die Situation zu dir kommt und bis du irgendwann etwas tun musst, sondern suche bewusst nach Möglichkeiten, etwas so oft wie möglich zu machen. So lässt es sich gar nicht vermeiden, dass du es irgendwann kannst.

An dieser Stelle möchte ich dir tatsächlich empfehlen, dir deinen ganz eigenen Trainingsplan zu erstellen, so wie man das auch aus dem Fitnessbereich kennt. Das kannst du auch mit theoretischen Aufgaben machen, die du trainieren möchtest beziehungsweise in denen du besser werden möchtest. Schreibe dir auf, an welchen Wochentagen du wie lange eine bestimmte Tätigkeit trainieren willst – und zwar in der Wiederholung. Du wirst merken: schon nach wenigen Tagen oder Wochen bist du deutlich besser. Auf diese Art wirst du etwas viel schneller erlernen und dein Ziel viel schneller erreichen.

## Konsumiere branchenfremd

»Hey, Calvin! Total coole Idee! Wie bist du nur darauf gekommen?« Diese Frage bekomme ich sehr oft gestellt, und am liebsten würde ich von mir behaupten können, dass ich ganz alleine für diese tolle Idee verantwortlich bin. Aber meistens kam die Inspiration von anderen, und zwar von Leuten aus anderen Branchen. Es gehört zu meinen absoluten Geheimtipps, sich aus anderen Branchen inspirieren zu lassen.

Wenn du dir Wissen aneignest, dann schaue dich nicht nur in der eigenen Branche um, sondern beobachte auch andere Bereiche, um zu verstehen, wie die Menschen ticken, die dort erfolgreich sind. Welche Entscheidungen treffen sie, und warum? Ich beobachte nicht nur die erfolgreichen Fotografen, Trainer oder Coaches, sondern auch erfolgreiche Musiker, Fußballer, Fitnessathleten, YouTuber, und so weiter.

**Lerne zu verstehen, wie erfolgreiche Menschen in verschiedenen Branchen ticken.**

Versuche nachzuvollziehen, warum ein YouTuber mit seinen Videos Millionen von Klicks generiert. Diese Erkenntnisse kannst du vielleicht auch auf deine Branche übertragen. Es ist natürlich nicht so einfach, an die Erkenntnisse oder die Umsetzung zu kommen, wenn du branchenfremd konsumierst. Aber wenn du lernst, zwischen den Zeilen zu lesen und Ideen abzuwandeln, dann findest du so die stärksten Ansätze. In der eigenen Branche ist nämlich vieles totgeredet – die Dinge wurden einfach schon zu oft gesagt. Das liegt daran, dass man sich in der gleichen Branche gegenseitig beobachtet und dann wieder das Gleiche macht. Die Lösung ist der Blick in andere Branchen.

Neben dem branchenfremden Konsumieren empfehle ich auch, dir Wissen aus anderen Ländern anzueignen. Auch das habe ich jahrelang regelmäßig gemacht. Das heißt, ich habe nicht nur fremde Branchen beobachtet oder Biografien von Menschen aus anderen Betätigungsfeldern gelesen, sondern ich bin auch in andere Länder gereist. Gerade der amerikanische Markt ist in vielen Bereichen weit voraus. Und warum solltest du warten, bis das Wissen irgendwann nach Deutschland kommt, um es dir dann anzueignen, obwohl du es schon viel früher erfahren kannst?

Während ich an diesem Buch arbeitete, war ich in Dubai unterwegs und habe dort auch eine Buchhandlung besucht. Zunächst habe ich mir den Bereich vorgenommen, der sich auf Persönlichkeitsentwicklung, Business und Wirtschaft konzentriert. Dabei habe ich festgestellt, dass dieser Bereich dort zehnmal größer ist als in einer deutschen Buchhandlung. Das hat mir gezeigt, wie viel mehr Wissen auf internationaler Ebene zur Verfügung steht.

**Trends in anderen Ländern können auch zu Trends bei uns werden.**

Sollten deine Englischkenntnisse etwas eingerostet sein, dann schau, dass du sie wieder in Schwung bringst, denn nochmal: Auf dem internationalen Markt gibt es viel mehr Wissen und Inspiration als auf dem deutschen.

So verhält es sich eben auch mit anderen Branchen. Fixiere dich also nicht nur auf deinen Bereich, sondern hole dir Inspiration und Ideen aus anderen Feldern. Viele Ideen sind nämlich schon da, und warten nur darauf, von dir umgesetzt zu werden.

## Masterminds

Ich wusste lange Zeit selbst nicht, was ein Mastermind überhaupt ist. Masterminds waren für mich eine Art Mythos. Aber irgendwann war ich dann auf einer Luxusjacht in St. Tropez und saß mit den Leuten zusammen, die ich zuvor nur aus Büchern kannte – das war eine Mega-Erfahrung für mich!

Masterminds kann man als eine Art organisiertes Treffen bezeichnen, bei dem Gleichgesinnte zusammenkommen, die alle das Ziel verfolgen, sich auf einem hohen Level geschäftlich, wirtschaftlich und persönlich auszutauschen. Meistens kommt man zu diesen Masterminds nur mit persönlicher Einladung beziehungsweise dann, wenn man eine hohe Summe dafür aufbringt. Und das ist durchaus gewollt, denn es dient als Filter, um das Niveau hochzuhalten.

Neben dem Erfahrungsaustausch geht es bei vielen Masterminds auch darum, dass jeder Teilnehmer zum Beispiel eine Geschäftsidee oder eine besondere Erfahrung präsentieren muss. Ich bin sehr stolz darauf, dass ich bei meiner ersten Mastermind in St. Tropez gleich den Award für die beste Idee gewonnen habe.

Eine Mastermind ist meistens eine Frage des Budgets und der Kontakte, aber ich empfehle dir, auf jeden Fall die Augen danach offen zu halten. Es gibt viele Event-Veranstalter, die so etwas immer mal wieder anbieten. Und ganz ehrlich: Auf Masterminds erfährst du Dinge, an die du eigentlich sonst nicht so einfach herankommst, und machst wertvolle Erfahrungen, die in Tutorials oder Büchern kaum je so detailliert vermittelt werden.

Du kannst natürlich auch selbst eine Mastermind gründen. Das ist gar nicht so schwer, wie du vielleicht denkst. Alles, was du brauchst, sind Menschen, die sich auf deinem Level bewegen und ähnliche Ziele verfolgen. Mit diesen Menschen organisierst du dann ein Treffen, bei dem jeder Teilnehmer die Karten ganz offen auf den Tisch legt. Der Gedanke, dafür Geld zu verlangen, ist nicht unbedingt verkehrt, denn so siehst du, wer es so ernst meint, dass er bereit ist, zu investieren. Mit einer Gratis-Veranstaltung hingegen erhältst du meistens eine zu gemischte Zielgruppe.

Also beginne gerne erst einmal mit weniger Personen. Du wirst schnell feststellen, dass dieser Erfahrungsaustausch nicht zu vergleichen ist mit einer üblichen Weiterbildung in Form eines Buches, Videotrainings oder Seminars.

## Vorbilder und Mentoren

2005 habe ich mit der Fotografie begonnen und fünf Jahre später stand ich in Las Vegas auf der *Photoshop World*, der größten Konferenz für Bildbearbeitung. Dort habe ich vor rund 3.000 Menschen einen Vortrag gehalten. Wie konnte das alles so schnell gehen? Einer der Gründe war, dass ich in diesem Zeitraum Vorbilder und Mentoren hatte. Und genau darum geht es jetzt. Ich möchte direkt mit einem Leitsatz starten, der mir viele Türen geöffnet hat:

---

**Suche dir Vorbilder aus fremden Branchen und einen Mentor aus der eigenen Branche.**

---

Ich will dir das etwas genauer erklären. Vorbilder sind für mich Menschen, die etwas vorbildlich gut können. Dabei spielt es überhaupt keine Rolle, aus welchem Umfeld sie kommen. Die Strategien, die diese Menschen nutzen, lassen sich meistens auch in anderen Bereichen anwenden. Wenn ich also zum Beispiel auf einen vorbildlichen Sportler aufmerksam werde, dann kaufe ich mir seine Biografie. Aus diesem Grund habe ich auch das Buch »Erfolg kommt von innen« von Oliver

Kahn gelesen, obwohl ich gar kein Fußballprofi werden möchte. Mich haben sein Siegeswille und seine Disziplin extrem fasziniert. Ich wollte verstehen, woher dieser Kampfgeist kommt. Ich möchte auch keine Computer verkaufen, habe aber trotzdem alles angeschaut und angehört, was ich über Steve Jobs finden konnte – denn er hat viele Dinge vorbildlich gemacht. Dieser Mann hat ein Weltunternehmen aufgebaut, das bis heute sehr, sehr erfolgreich ist. Ich erhoffe mir also, beim Lesen seiner Biografie die kleinen Zutaten seines Erfolgsrezeptes zu finden, die ich adaptieren kann, um noch erfolgreicher zu werden.

Das funktioniert in der Regel sehr gut. Je mehr erfolgreiche Menschen du studierst, desto stärker wirst du merken, wie viele Parallelen zwischen ihnen bestehen. Diese Ähnlichkeiten kannst du dann für dich übernehmen.

---

**Übernehme vorbildliche Eigenschaften von Vorbildern aus anderen Branchen.**

---

Wenn du auf eine Person triffst, die etwas vorbildlich macht, dann versuche, herauszufinden, wie sich diese Person das angeeignet hat und wie diese Person ihre Entscheidungen trifft. Das ist in der heutigen Zeit gar nicht mehr so schwer, denn es gibt jede Menge Biografien, Interviews und fast jede Person des öffentlichen Interesses hat Kanäle in Social Media – man kann also sehr schnell sehr viel über eine Person in Erfahrung bringen. Und nochmal: Dieses Vorbild kann, muss aber nicht unbedingt aus der eigenen Branche kommen, denn Vorbild kann man in vielen Dingen sein.

Was den Mentor angeht, solltest du dir jemanden suchen, der auch aus deinem beruflichen Bereich kommt. Der Mentor sollte dort sein, wo du noch hin möchtest. In meinem Fall war das damals der in den USA sehr bekannte Fotograf und Coach Scott Kelby. Im Zeitraum von 2005 bis etwa 2010 habe ich im Prinzip genau das gemacht, was Scott Kelby getan hatte – allerdings fünf Jahre vor mir. Scott Kelby lebte genau das Leben, das ich leben wollte. Und ein Mentor kann dir nicht nur zeigen, was nicht funktioniert, sondern er kann dir auch zeigen, was funktioniert. Hier ist es wirklich so, dass du die Dinge oft exakt übernehmen kannst. Du musst sie im Grunde einfach nur nachmachen.

In Deutschland ist das Nachmachen leider sehr negativ behaftet. Es hat den Beigeschmack einer billigen Kopie und erweckt den Eindruck, dass man keine eigene Leistung erbringt. Aber das stimmt nicht! Nachmachen ist nun mal die Art, wie Menschen lernen. So haben wir das Laufen ebenso wie das Sprechen gelernt und viele Verhaltensweisen übernommen. Wir haben anderen Menschen nachgeeifert.

---

**Suche dir Mentoren aus deiner Branche und eifere ihnen nach.**

---

Als ich damals Scott Kelby nacheiferte, war mir eigentlich nur eine Sache wichtig: Scott Kelby darf darüber nicht sauer sein. Wenn andere damit ein Problem hatten oder mich deswegen verurteilt haben, war mir das total egal. Und deshalb habe ich irgendwann begonnen, Scott Kelby zu schreiben, dass ich ihn bewundere und gerne etwas Ähnliches machen würde. Bis ich eine Antwort bekam, dauerte es einige Zeit. Aber über die

Jahre ist sogar eine Art Freundschaft entstanden. Und inzwischen haben wir schon viele gemeinsame Projekte durchgeführt. Ohne Scott Kelby wäre ich vermutlich nicht da, wo ich heute bin. Oder wenn ich doch dorthin gekommen wäre, dann vermutlich nicht so schnell.

Vorbilder und Mentoren sind für mich die ultimative Abkürzung zum Erfolg. Denn nochmal: Du kannst natürlich alles selbst ausprobieren und aus deinen eigenen Fehlern lernen, aber es ist viel klüger, aus den Fehlern anderer zu lernen. Und diese Fehler werden ja von Vorbildern oder Mentoren oft auch ganz offen kommuniziert.

Wenn du dir einen Mentor suchen möchtest, empfehle ich dir, zunächst einmal die passende Person für dich zu finden. Und noch einmal: Diese Person sollte genau dort stehen, wo du noch hin willst. Dann versuchst du, etwas über diese Person herauszufinden. Gibt es Interviews? Gibt es Berichte, YouTube-Videos, Bücher oder Ähnliches? Versuche, herauszufinden, wie die Person tickt, wie sie lebt. Und dann solltest du sie oder ihn irgendwann auch kontaktieren. Wenn es soweit ist, gehe in Vorleistung. Frage ganz einfach, was du tun kannst, um von ihm lernen zu dürfen. Und selbst wenn du eine Absage bekommst, bleib am Ball. Du kannst trotzdem von dieser Person lernen, obwohl sie vielleicht keinen direkten Kontakt zu dir hat. Bleibe im Windschatten und nutze die Möglichkeit, dass der Mentor alles vormacht und vorlebt und versuche, so viel wie möglich nachzumachen. Wenn dann irgendwann der Moment kommt, in dem du soweit bist, dann verlässt du seinen Windschatten und überholst ihn.

# 6

# Soziales Umfeld

Irgendwann nach einem Business-Seminar kam mal eine Teilnehmerin auf mich zu und erzählte mir von einem Problem. Sie sagte, dass sie mit ihrer Fotografie gerne 5.000 Euro im Monat verdienen wolle und sich so ziemlich jedes meiner Videotrainings dazu schon angesehen hatte. Sie war auf meinen Seminaren, hörte meine Podcasts und kannte die ganzen Tipps – aber es gelang ihr bisher einfach nicht, diesen Betrag zu erreichen. Ich habe ihr dann die Frage gestellt, wer in ihrem näheren Umfeld denn bereits 5.000 Euro pro Monat verdient. Sie konnte mir nicht eine Person nennen, auf die das zutraf – und das war das Problem.

Nehmen wir ein anderes Beispiel: Du möchtest dich gerne gesund ernähren. In deinem Umfeld sind aber nur Menschen, die sich immer ungesund ernähren. Wie willst du das schaffen? Du willst aufhören zu rauchen und du kennst die Techniken und Strategien, die man braucht, um aufzuhören – aber alle Menschen in deinem Umfeld sind Raucher. Das ist, als würde man mit dem Fahrrad dauerhaft gegen einen extrem starken Wind fahren. Du wirst müde, bist schnell erschöpft und verlierst die Motivation, ganz egal, wie gut du Fahrrad fahren kannst und wie gut deine Technik ist.

Jetzt kommt etwas, das erstmal eigenartig klingt, aber ganz viel Wahrheit enthält. Es sind nicht die Hater und Neider, die uns am meisten hinunterziehen. Oft sind es sogar unsere liebsten Menschen und das vertrauteste Umfeld. Sie meinen es natürlich immer gut mit uns, aber sie bremsen uns womöglich in mancher Hinsicht aus.

Ich führe das den Menschen immer gerne mit folgendem Beispiel vor Augen: Stell dir vor, du willst hoch hinaus und aus diesem Grund hast du dich auf einen Stuhl gestellt. Wenn jetzt unten auf dem Boden nur eine Person versucht, dich runterzuziehen (weil sie es gut meint und vielleicht befürchtet, dass du herunterfällst und du dich verletzt), dann benötigst du oben mindestens zwei Personen, die dich nach oben bringen wollen – die können zum Beispiel auf einem Tisch stehen. Denn es ist immer einfacher, jemanden runterzuziehen, als jemanden auf das nächste Level hochzuheben.

Das bedeutet, du brauchst in deinem Umfeld eigentlich mehr Menschen, die sich da befinden, wo du hinwillst, als Menschen, die sich da befinden, wo du nicht mehr sein möchtest. Aus genau diesem Grund solltest du auf dein Umfeld und vor allem auf dich selbst achten. Lass uns an dieser Stelle ein bisschen tiefer einsteigen.

## Erst ich, dann die Familie, dann der Erfolg

Der Dalai Lama hat einmal gesagt, dass er sich darüber wundert, warum der Mensch zuerst seine Zeit und seine Gesundheit investiert, um viel Geld zu verdienen, und später Geld investiert, um wieder mehr Gesundheit und Zeit zu bekommen. Ich muss ganz ehrlich zugeben, dass mich dieser Gedanke sehr nachdenklich gemacht hat.

Früher war ich der festen Überzeugung, dass ich mit mehr Geld viel glücklicher bin, dass ich zufriedener bin, wenn ich ein gut laufendes Geschäft habe, wenn ich mehr Aufmerksamkeit bekomme und wenn ich wirtschaftlich erfolgreich bin. Heute, etwa 15 Jahre später, kenne ich beide Seiten: Ich kenne die Situation, in der ich für zehn D-Mark tanken musste, um dann noch etwas Geld für Essen übrig zu haben. Und ich kenne die Situation, in der ich für 100 Euro tanke, ohne, dass ich überhaupt darüber nachdenke. Ich glaube, dass Geld durchaus zur Zufriedenheit beiträgt. Ich würde auch sagen, dass Geld Freiraum und vor allem auch Möglichkeiten schafft. Aber Geld alleine macht nicht glücklich.

Ich lebe in einer asiatischen Familie und hatte aus diesem Grund auch schon die Möglichkeit, in einigen asiatischen Ländern unterwegs zu sein und die Menschen und verschiedenen Kulturen kennenzulernen. Dort erkennt man sehr deutlich, dass es die private Zufriedenheit ist, die glücklich macht. Ich würde sogar behaupten, dass es in vielen armen Ländern glücklichere Menschen gibt als in wirtschaftlich starken Ländern. Daher habe ich mich persönlich zu folgender Reihenfolge entschlossen, was meinen Fokus angeht: **Erst ich, dann die Familie und dann der berufliche Erfolg.**

Der eine oder andere wird sich jetzt wundern und denken: »Aber Calvin, sollte deine Familie nicht an erster Stelle stehen?« Ja, ich kann diese Überlegung nachvollziehen. Mich hat es auch sehr lange gewundert, warum man in Flugzeugen im Falle eines Druckverlustes zuerst sich selbst die Sauerstoffmaske aufziehen soll, bevor man anderen Menschen hilft. Aber wenn wir mal darüber nachdenken, ergibt es eigentlich Sinn: Nur wenn es dir selbst gut geht, bist du auch in der Lage, anderen Menschen zu helfen.

---

**Nur wenn es dir selbst gut geht, kannst du deine Familie unterstützen und beruflichen Erfolg haben.**

---

Das lässt sich auch auf das Wirtschaftliche übertragen. Wenn du den armen Menschen da draußen helfen willst, dann kannst du das am besten tun, wenn du Geld besitzt – viel Geld. Und es lässt sich auf das Privatleben übertragen. Ich bin Vater von zwei Kindern und habe eine Frau. Außerdem bin ich Unternehmer und habe mehrere Mitarbeiter. In beiden Fällen ist es so, dass ich mich nur dann voll für die Familie oder das Unternehmen einsetzen kann, wenn es mir gut geht und ich voll funktioniere.

Die Familie sollte immer an erster Stelle stehen. Aber ich kann sie nur unterstützen, wenn es mir gut geht.

Und warum für mich die Familie wichtiger ist als der berufliche Erfolg – abgesehen davon, dass ich meine Familie über alles liebe – ist auch leicht zu erklären: Wenn das Privatleben leidet, dann überträgt sich das ja meistens auch auf das

Geschäft. Wenn dein Geschäft leidet, findet man aber oft Halt bei der Familie. So war es bei mir auch. Ich habe schon sehr oft wirtschaftliche Momente gehabt, in denen ich versagt oder Fehler gemacht habe, oder in denen etwas nicht gelaufen ist. Zwei meiner größten wirtschaftlichen Rückschläge findest du am Ende des Buches. Dabei habe ich aber immer den unbedingten Rückhalt bei meiner Familie gefunden. Die Sicherheit, die mir meine Familie gab, war es, die dann dafür gesorgt hat, dass mein Geschäft weitergelaufen ist.

Umgekehrt glaube ich aber nicht, dass dir der berufliche Erfolg oder Geld helfen können, wenn es in deinem Privatleben nicht rund läuft. Aus diesem Grund halte ich es für wichtig, alle deine Vorhaben oder Ziele mit der Partnerin oder dem Partner abzustimmen. Es ist wichtig, einbezogen zu werden, auch wenn er oder sie selbst nicht wirklich etwas dafür tun kann. Oft ist es nur das sichere Gefühl des Partners, mitentscheiden zu können, das alles zusammenhält.

Ich bin der festen Überzeugung, dass kein Geschäftsmodell der Welt es wert ist, die eigene Gesundheit und den Zusammenhalt innerhalb der Familie zu riskieren.

## Freunde

Es gibt ein sehr treffendes Sprichwort, das du sicher schon einmal gehört hast: »Zeige mir deine Freunde und ich zeige dir, wer du bist.« Tja, dem kann ich wirklich nur zu 100 Prozent zustimmen. Wenn ich an den Freundeskreis in meiner Jugend denke, dann war der wirklich so, wie ich damals war – oder vielleicht war ich auch einfach so, wie meine Freunde waren ... wer weiß. Als dann später neue Freunde in mein

Leben traten, wurde ich mit der Zeit so wie sie, beziehungsweise die neuen Freunde wurden ein bisschen so wie ich. Das ist völlig normal.

Allerdings stellt sich die Frage, was man tun kann, wenn man sich verändern möchte, der Freundeskreis es aber nicht will. Das, was ich dir jetzt empfehle, klingt im ersten Moment sehr hart. Aber ich möchte dir wirklich nahelegen, diese Entscheidung zu treffen. Es geht nämlich darum, dass du das, was du im Leben möchtest, unbedingt umsetzen solltest – auch wenn es bedeutet, dass du als Konsequenz die ein oder andere Freundschaft reduzieren oder sogar beenden musst, wenn diese Freunde deinen Wunsch nach Veränderung nicht akzeptieren.

Du brauchst keine Angst haben, denn es treten neue Freunde in dein Leben, und du wirst definitiv nicht unglücklicher, wenn die Leute in deinem Umfeld wechseln. Wenn du mir das nicht glaubst, dann blicke doch einfach mal in deine Vergangenheit. Mit wie vielen Freunden aus deiner Jugendzeit hast du heute tatsächlich noch engeren Kontakt? Die Freundschaften haben sich vermutlich geändert, aber du bist trotzdem happy. Es ist ein ganz normaler Entwicklungsprozess.

---

**Habe keine Angst, Freundschaften zugunsten deiner Entwicklung zu reduzieren oder zu beenden. Du wirst neue Freunde finden.**

---

In dem Moment, in dem sich der Freundeskreis verändert, wirst du von alten Freunden vielleicht solche Dinge hören wie: »Du hast dich verändert! Früher warst du anders!« Und soll ich dir etwas sagen? Diese alten Freunde haben Recht! Es stimmt, du warst früher anders. Aber so soll es doch auch sein! Das nennt man persönliche Entwicklung.

Du kannst auf keinen Fall abstreiten, dass dich dein Umfeld prägt. Genauso wenig kannst du leugnen, dass der Einfluss deines Umfeldes größer ist, je näher dir diese Personen stehen. Aus diesem Grund ist es eine unglaublich schwere Entscheidung, den Freundeskreis zu reduzieren oder zu wechseln. Aber du wirst sehen, dass es nach dieser Entscheidung einfacher ist. Im Grunde ist es nur die Entscheidung selbst, die so schwer ist. **Lebe auf keinen Fall das Leben, das andere gerne von dir hätten. Lebe stattdessen das Leben, das du gerne haben willst!**

Einen Tipp habe ich zu guter Letzt noch: Rede mit deinen aktuellen Freunden ganz offen darüber, dass du zukünftig nicht mehr ganz so viel Zeit haben wirst, weil du zum Beispiel an deinen Zielen arbeiten möchtest. Oder weil du dich verändern willst. Bitte sie dann um Verständnis – und wahre Freunde, die wirklich zu 100 Prozent zu dir passen, werden dich entweder auf deinem Weg begleiten, oder es zumindest akzeptieren, dass du nicht mehr ganz so viel Zeit für sie hast.

Auf keinen Fall solltest du dir allzu große Sorgen deswegen machen, denn nochmal: Es geht darum, dass du das Leben lebst, das du möchtest, und nicht das Leben, das andere sich für dich vorstellen.

## Das berufliche Umfeld

Zu meiner Militärzeit von 2000 bis 2011 war ich für meine Kameraden mit Sicherheit ein ganz eigenartiger Zeitgenosse. Während andere abends ihr Dienstabschlussbier (DAB genannt) getrunken haben, bin ich meistens schon lange zu Hause gewesen. Selbst auf Truppenübungsplätzen, wo ich nach Feierabend nicht nach Hause fahren konnte, fand man mich nicht beim DAB. Hier lag ich meistens schon im Schlafsack und habe mich weitergebildet. Es war einfach nicht mein Ding, mich mit Kameraden oder Kollegen über Dinge zu unterhalten, die mich im Leben nicht weiterbringen. Denn bei diesen abendlichen Treffen, aber auch in den Mittagspausen, ging es selten um die Zukunft. Meistens ging es um die Vergangenheit: Was man schon alles erlebt hatte, mit welchen Frauen man zusammen gewesen war usw. ... Das sind alles Themen, die mich definitiv nicht interessieren, weil sie mich einfach nicht weiterbringen.

Ich möchte dir keinesfalls raten, dich völlig von allen anderen Kollegen abzukapseln. Aber vielleicht kannst du das Ganze so ausrichten, dass du deine Ziele verfolgen kannst und dabei nicht abgelenkt oder gar heruntergezogen wirst. Du solltest nämlich nicht nur auf dein privates Umfeld achten, sondern auch auf das berufliche. Im Laufe des Tages verbringt der Großteil von uns im beruflichen Umfeld die meiste Zeit. Als Selbstständiger mag das etwas einfacher sein als im Angestelltenverhältnis, in dem man mit so einem Verhalten schnell mal auffällt und komisch angeschaut wird. Um dem vorzubeugen, habe ich das immer ganz offen erklärt und meine Kollegen über meine Ziele und über das, was ich vorhatte, informiert.

So konnten sie nachvollziehen, warum ich mich so verhalten habe und es wurde meistens akzeptiert.

Ich hatte beim Militär aber auch Kameraden, die ähnlich getickt haben wie ich. Und mit denen habe ich dann natürlich sehr viel Zeit verbracht. Wenn du also eine Kollegin oder einen Kollegen hast, der ähnliche Ziele verfolgt wie du, dann nimm Kontakt auf und verbringe Zeit mit ihm.

**Suche dir im beruflichen Umfeld Menschen, die ähnliche Ziele verfolgen und dich weiterbringen.**

Immer dann, wenn ich niemanden mit ähnlichen Zielen gefunden habe, war meine beste Gesellschaft in den Mittagspausen ein Buch. In Büchern zu lesen war für mich genau so, als wenn ich mich mit einer Person zusammengesetzt hätte, die mir alles ganz genau erklärt. Das gleiche gilt natürlich auch für Hörbücher. Und so verbrachte ich meine Mittagspausen mit Coaches wie Bodo Schäfer, Dale Carnegie oder Napoleon Hill.

Vielleicht noch ein paar Gedanken zum Thema Konkurrenz und Kollegen: Ich bin nun schon eine ganze Weile selbstständig und versuche seit vielen Jahren, ein sehr gutes Verhältnis zu meinen Kollegen zu haben und sie nicht als Konkurrenz zu sehen. Ich betrachte das so, dass ich immer mein eigener Konkurrent bin. Ich möchte immer besser sein, als ich vielleicht vor einer Woche oder einem Monat war. Mit dieser Einstellung habe ich die besten Erfahrungen gemacht.

Das bedeutet aber nicht, dass ich Menschen mit dem gleichen Berufsfeld nicht beachte – ganz im Gegenteil. Ich recherchiere, beobachte und versuche zu lernen, sowohl aus ihren Erfolgen, als auch aus ihren Fehlern. Aber ich beobachte sie nicht, um dann mit ihnen in den Wettbewerb zu treten. Ich weiß, viele werden jetzt sagen, »Aber Calvin, das geht in meiner Branche nicht.« Genau diesen Satz habe ich in den Branchen Fotografie und Coaching, in denen ich selbst tätig bin, auch schon oft gehört.

**Sieh Mitbewerber nicht als Konkurrenten an, sondern als Ansporn, dich zu verbessern.**

Ich bin fest davon überzeugt, dass man mit einem Kollegen in einen gesunden Wettbewerb gehen kann, ohne dass man ihn direkt zum Konkurrenten macht. Wenn einer meiner Kollegen mehr erreicht als ich, versuche ich einfach herauszufinden, woran das liegt. Das geht am besten, wenn ich mich mit ihm gut verstehe und ihm im Vorfeld vielleicht selbst schon einmal geholfen habe. Ich glaube fest, dass man zusammen mehr erreichen kann. Und in den meisten Branchen ist definitiv genug Markt für alle da, auch wenn man es selbst oft nicht sehen möchte.

## Wie man Vertrauen aufbaut

Was machst du, wenn eine wildfremde Person zu dir kommt und dir erklären möchte, wie du etwas zu machen hast? Möglicherweise hörst du zu und fragst dich danach, ob der Vorschlag gut war. Das weißt du aber nicht, da er von einer

Person kam, die du nicht kennst und daher nicht einschätzen kannst. Du bleibst also vermutlich eher skeptisch.

Was würde aber passieren, wenn dein absolutes Vorbild auf dich zukommt und dir den gleichen Tipp gibt? Du neigst dann sicher eher dazu, den Tipp zu beherzigen, da du genau weißt, von wem er kommt. Das bedeutet, je besser du eine Person kennst, desto besser kannst du deren Vorschlag einen Wert zuschreiben. Je höher dieser Wert ist, desto schneller setzt du den Rat in die Tat um. Aus diesem Grund ist es wichtig, Vertrauen zu den Menschen in deinem Umfeld aufzubauen. Dadurch bekommst du mehr Aufmerksamkeit, sie hören dir besser zu und folgen deinem Vorschlag eher – egal, ob du einen Tipp geben oder etwas anbieten oder verkaufen möchtest.

Die Frage ist, wie man Vertrauen aufbaut. Dazu möchte ich dir folgende Tipps geben:

### Tipp 1: Klare Positionierung

Die Menschen sollten immer wissen, wofür du stehst – und auch, wofür du nicht stehst. Versuche, das immer so transparent wie möglich zu kommunizieren. Je anonymer und unscheinbarer du bist, desto weniger Menschen wirst du zu einer Handlung bewegen können. Je besser dich die Menschen aber einordnen können, desto eher vertrauen sie dir.

### Tipp 2: Authentizität

Verstelle dich nicht und sei echt. Ja, das ist manchmal sehr schwer. Ich selbst schlüpfe auch hin und wieder in eine Rolle, zum Beispiel wenn ich zu einer Hochzeit eingeladen bin. Dann möchte ich aber auch kein Vertrauen aufbauen, sondern es geht mir dann einfach nur darum, nicht negativ aufzufallen. Sich zu verstellen, bringt nicht nur Misstrauen, sondern es kostet auch sehr viel Energie. Sei generell so transparent und authentisch wie möglich. Und wenn es dann mal Ausnahmen gibt – so wie in meinem Fall die Hochzeit – dann gilt es, sich auch mal der Gesellschaft anzupassen, auch wenn man sich dabei nicht ganz so wohlfühlt. Das macht man dann anderen Menschen zuliebe. Generell ist es jedoch wichtig, dass du stets authentisch bist.

## Tipp 3: Zuerst geben, dann nehmen

Wir kennen es vom Umgang mit Tieren. Wenn du möchtest, dass ein Tier Vertrauen zu dir aufbaut, beginnst du oft damit, dass du ihm ein Leckerli gibst. Genau das funktioniert auch bei Menschen getreu dem Motto »Erst geben, dann nehmen«. Jedoch solltest du das auch wirklich nur dann tun, wenn es von Herzen kommt und nicht allzu kalkuliert dabei vorgehen.

Gerade zu Beginn sollte es vielleicht sogar eher so sein, dass du den Menschen etwas gibst, ohne den Anspruch zu haben, dass du dafür etwas zurückbekommst. Vielleicht kennst du das aus der Schule früher: Da fragte dich möglicherweise jemand, ob er oder sie sich etwas von dir ausleihen könnte. Es gab dann diese Sorte Schüler, die darauf antworteten: »Okay, aber dann musst du mir auch etwas ausleihen«. Und genau dieses Prinzip sollte zu Beginn, wenn du startest, nicht der Fall sein. Zu einem späteren Zeitpunkt ist es dann natürlich völlig legitim, für eine Leistung Geld zu verlangen.

In meinem Fall war es zum Beispiel so, dass ich viele hundert Videos auf Plattformen hochgeladen und damit jedem Interessierten kostenfrei zugänglich gemacht habe, ehe ich mein erstes Videotraining verkaufte. So konnten sich die Menschen erst einmal ein Bild von mir machen und zuerst etwas nehmen, bevor sie von mir aufgefordert wurden, auch etwas zu geben.

## Tipp 4: Gemeinsamkeiten

Finde heraus, was dich mit deinem Gegenüber verbindet, und stelle das im Gespräch auch klar. Dabei ist wichtig, dass du auf keinen Fall zu deinem eigenen Vorteil irgendwelche Gemeinsamkeiten erfindest. Um Gemeinsamkeiten herauszufinden, gibt es verschiedene Möglichkeiten. Eine besteht darin, genauer zu beobachten. Oftmals entdeckst du schon am Auto, an der Kleidung oder am Verhalten Gemeinsamkeiten. Es hilft auch, viele Fragen zu stellen. Wir reden viel zu viel und fragen definitiv zu wenig. Wer aber permanent (nur über sich selbst) redet, erfährt nichts über den anderen. Finde also heraus, was dich mit deinem Gegenüber verbindet und erwähne diese Gemeinsamkeiten, um Vertrauen aufzubauen.

---

**Je ähnlicher wir uns sind, desto eher vertrauen wir einander.**

---

## Tipp 5: Zeige, dass du vertrauenswürdig bist

Dieser Tipp behandelt etwas, das ich gerade im geschäftlichen Bereich oft vermisse. Zeige den Menschen, dass du wirklich Ahnung hast und vertrauenswürdig bist. Was sind deine Referenzen? Besonders in der heutigen Zeit gibt es viel zu viele

Menschen, die einfach nur reden. Lebe es selbst vor und zeige, dass das, was du anbietest, auch wirklich funktioniert. Eventuell haben es schon andere umgesetzt – dann führe das als Beweis an.

### Tipp 6: Vertrauen vorleben

Auch wenn die genannten fünf Tipps helfen, Vertrauen aufzubauen, solltest du nichts erzwingen. Manche Menschen vertrauen einfach schneller, während andere sich gerne etwas länger Zeit nehmen. Vor allen Dingen ist es wichtig, dass du selbst lernst, Vertrauen zu anderen Menschen aufzubauen. Lass dir das folgende Zitat dafür eine kleine Inspiration sein:

> **»Wer nicht genügend vertraut, wird kein Vertrauen finden.« – *Laotse***

## Respekt und Wertschätzung

Ich kann mich noch gut erinnern: Ich habe zehn Jahre lang Basketball gespielt, und jedes Mal, wenn mein Team verlor, war ich sauer – so richtig sauer! Aber es gab trotzdem jedes Mal einen Handschlag für den Gegner. Ich habe ihm damit Respekt gezollt. Meine beiden Kinder wachsen mit einer Erziehung auf, in denen die Themen Respekt, Wertschätzung und Empathie von ganz großer Bedeutung sind. Wir legen viel Wert darauf, sie zu vermitteln.

Viele Menschen glauben an Karma. Sie glauben, dass man das zurückbekommt, was man nach außen gibt. Ich persönlich glaube sogar, dass du das, was du gibst, in doppelter Hinsicht zurückbekommst – sowohl Gemeines, als auch Gutes. Daher finde ich es wichtig, dass wir andere Menschen stets mit Respekt behandeln. Dazu gehört:

- Menschen ausreden zu lassen
- mehr zu fragen, als zu sagen
- nur dann zu kritisieren, wenn man auch wirklich darum gebeten wird
- Vor allem aber gehört es sich nicht, jemanden zu beleidigen.

Angelehnt an die Goldene Regel hört man immer wieder, dass man andere Menschen so behandeln soll, wie man selbst gerne behandelt werden möchte. Das ist meiner Meinung nach aber nicht ganz richtig, auch wenn der Kern der Botschaft vielleicht kein schlechter ist. Ich habe gelernt, dass man eine Berliner Schnauze auf keinen Fall so behandeln sollte wie einen Schweizer Banker. Das sind einfach unterschiedliche Menschen, vielleicht auch unterschiedlicher Altersklassen, sie haben unterschiedliche Erfahrungen und so weiter. Daher ist mein Motto in Bezug auf den Umgang mit Menschen:

---

**Behandle andere Menschen so, wie sie behandelt werden möchten.**

---

Ich finde es wichtig, sich für die Menschen zu interessieren und ihnen Fragen zu stellen, um herauszufinden, was sie denken und wie sie ticken. Erst dann kannst du auch Respekt und Wertschätzung entgegenbringen, weil du erkannt hast, was der anderen Person wichtig ist. Vor allen Dingen lernst du, einzuschätzen, wie eine Person mit deinen Worten umgeht. Ich selbst bin jemand, der Kritik gut ertragen und extrem viel einstecken kann. Aber ich kann das nicht einfach von anderen Menschen erwarten und sie auch so behandeln. Es gehört daher dazu, dass man sich an Menschen, die man zum ersten Mal trifft, herantastet und etwas vorsichtiger mit ihnen umgeht. So bekommt man ein Gespür dafür, wie man mit ihnen umgehen muss.

Viele Menschen reden die Leistung anderer Menschen schlecht. Vielleicht tun sie das, um selbst besser dazustehen oder um sich besser zu fühlen. Das funktioniert aber nicht. Wenn du stattdessen die Leistung oder die guten Eigenschaften anderer lobst und unterstützt, kannst du erwarten, dies eines Tages zurückzubekommen. Außerdem tust du in diesem Moment etwas Gutes und sorgst unweigerlich dafür, dass dich diese Person für deine Unterstützung schätzt. Wenn du also selbst von anderen wertgeschätzt werden möchtest, suche die positiven Eigenschaften der anderen Menschen und zeige ihnen, dass du sie wertschätzt.

---

**Schätze andere Menschen für ihre Leistung und Eigenschaften wert, dann bringt man dir unweigerlich auch Wertschätzung entgegen.**

---

Ich habe noch nie beobachtet, dass erfolgreiche Menschen andere Personen schlechtreden. Erfolgreiche Menschen respektieren andere Menschen. Erfolgreiche Menschen suchen nicht nach Fehlern bei anderen Personen, sondern nach Werten, welche sie schätzen können. Wertschätzung ist unglaublich wichtig.

# Neid

Was passiert, wenn du neidisch bist? Stelle dir diese Frage einmal ganz bewusst. Wie reagierst du? Meiner Meinung nach muss man sich dafür nicht schämen. Sieh es als etwas Positives und stehe dazu. Verkünde auch gerne, dass du Neid empfindest. Es ist ein Gefühl, das in Ordnung ist – solange du dadurch Ansporn findest und bei dir bleibst.

---

**Neid ist nichts Schlechtes – sofern du ihn als Ansporn betrachtest.**

---

Viele, die Neid erleben, wollen nicht bei sich selbst bleiben, sondern andere ändern, damit sie sich selbst nicht ändern müssen. Das ist allerdings etwas, was nicht funktioniert. Wenn jemand etwas hat, das du nicht hast, kannst du lernen, wie man es bekommt. Aber wenn du niemanden mehr hast, der vor dir läuft und mehr erreicht hat als du, dann kann es zu Problemen kommen. Denn du weißt irgendwann nicht mehr, wo du hin- oder was du erreichen willst. Schließlich sind es andere Menschen, die uns mitziehen und vorantreiben. Wenn jemand vor dir ist, dann sei nicht böse, sondern hänge dich in seinen Windschatten und nutze den Vorteil aus, genau dort zu sein. Irgendwann, wenn du soweit bist, überholst du ihn mit einem Grinsen – und wenn die Möglichkeit besteht, gib ihm ein High-five und lass ihn dann in deinem Windschatten fahren.

## Rhetorik

Ich erinnere mich relativ ungern daran, wie ich früher in der Schule an die Tafel musste, um dann etwas zu präsentieren und dabei völlig zu versagen. Es war der blanke Horror: Ich bin rot angelaufen, mir schossen die Tränen in die Augen und ich war einfach nicht in der Lage, einen ordentlichen Vortrag zu halten. Selbst Jahre später, als Bürokaufmann, hatte ich noch extrem große Probleme damit, etwas zu präsentieren. Hätte mir damals jemand gesagt, dass ich einmal vor 3.000 Menschen auf der Bühne stehen und Vorträge halten werde, hätte ich ganz sicher gesagt, dass das niemals passieren wird.

Ich weiß aber heute, dass man Reden lernen kann. Daher möchte ich dir dringend ans Herz legen, dich mit dem Thema Rhetorik vertraut zu machen – und zwar auch dann, wenn du keine Vorträge halten willst. Denn auch Gespräche mit Kunden oder Videos auf Social Media erfordern Rhetorik. Andere verstehen dich eher und somit kannst du auch mehr bewegen, da du andere Menschen von etwas überzeugen oder sie für etwas begeistern kannst. Das wiederum führt dazu, dass du selbst mehr Anerkennung und Zuspruch bekommst, was sich dann auch positiv auf dein Selbstwertgefühl auswirkt. Lerne, gut zu sprechen und du wirst deine Ziele schneller und selbstbewusster erreichen.

---

**Rhetorik hilft dir dabei, deine Ziele schneller zu erreichen und dein Selbstbewusstsein zu stärken.**

---

Es geht überhaupt nicht darum, perfektes Hochdeutsch zu sprechen oder mit Fachbegriffen um sich zu schmeißen. Es geht darum, Zuhörer zu begeistern und zu überzeugen. Und es geht darum, so zu sprechen, dass dir andere gerne zuhören, dass sie dich gut verstehen und dass sie sich eventuell zu einer Handlung bewegen lassen – und wenn es nur die Handlung ist, dir weiter zuzuhören! Ich habe mir angewöhnt, so zu sprechen, dass mich ein Zwölfjähriger verstehen würde. Zudem achte ich darauf, dass ich meinem Gegenüber nicht zu viele Informationen auf einmal gebe. Nur wirklich so viel, wie im Moment gerade nötig ist.

Früher hätte ich mir nie vorstellen können, jemals vor so vielen Menschen zu sprechen.

Auch wenn ich beinahe ein eigenes Buch über das Thema Rhetorik schreiben könnte, möchte ich dir hier zunächst meine drei wichtigsten Tipps geben, wie du relativ schnell deine Rhetorik verbessern kannst:

## Tipp 1: Schaue dir viele Vorträge an

Der erste Tipp ist simpel, aber sehr effektiv: Schaue dir viele Vorträge an. Das ist heutzutage relativ einfach. Du musst nicht unbedingt immer auf Veranstaltungen gehen (obwohl ich dir das wirklich empfehle), sondern kannst dir TED Talks oder verschiedene andere Vorträge auf YouTube anschauen. Mittlerweile gibt es zu fast allen Themen eine Vielzahl sehr guter Vorträge, die kostenfrei und jederzeit verfügbar sind. Ich schaue mir solche Vorträge schon seit vielen Jahren an und analysiere dabei, was genau diesen oder jenen Vortrag ausgemacht hat. Dabei achte ich darauf, wie der Vortrag aufgebaut ist, wie der Referent spricht und wie er mit dem Publikum interagiert. Und das bietet mir regelmäßig die Gelegenheit, etwas für mich zu übernehmen oder mich zumindest davon inspirieren zu lassen.

## Tipp 2: Fasse dich kurz

Ich habe mal in einem Buch gelesen, dass es ein Unternehmen gab, das eine Woche lang ausschließlich über Post-its kommuniziert hat. Das Ziel war, damit die Kommunikation zu verbessern und effizienter zu gestalten. Ich habe es in meinem Unternehmen noch nicht mit Post-its probiert, aber es ist ständig der Fall, dass ich meine Mitarbeiter oder meine Geschäftspartner darauf hinweise, dass sie ihre Aussagen bitte noch einmal kompakt in einem Zweizeiler formulieren sollen, damit es verständlicher wird. Komme also auf den Punkt und versuche, so häufig wie möglich deine wichtigsten Aussagen in maximal zwei Sätzen zu formulieren.

### Tipp 3: Das One-Minute-Game

Wähle aus einem Buch einen beliebigen Begriff aus, über den du eine Minute sprechen musst. Wichtig ist, dass du den Begriff selbst dabei nicht erwähnst. Versuche, das Wort so zu beschreiben, dass du eine Minute sinnvoll ausfüllst. Am Anfang schaffen es die wenigsten, fließend über diesen Begriff zu sprechen. Mit der Zeit wird es jedoch immer lockerer, sodass du dann auch anfangen kannst, in diese Minute eine kleine Einleitung, einen Hauptteil und ein paar Schlussworte einzubauen. Das ist das One-Minute-Game, das ich schon Tausende Male trainiert habe. Es ist mein stärkster Tipp, denn damit wirst du rhetorisch trainierter und schlagfertiger und übst, zu reden und gleichzeitig vorauszudenken, was du als Nächstes sagen willst.

Ich möchte dich wirklich bitten, an deiner Rhetorik zu arbeiten. Die meisten Menschen denken, gut darin zu sein oder es nicht nötig zu haben. Gut zu reden bedeutet aber nicht, viel zu reden. Es bedeutet, auf den Punkt zu kommen und mit seinen Worten etwas bewegen zu können. Also mein Tipp: Setze dich damit auseinander, wie du sprichst und werde darin richtig gut!

## Kooperationen und Zusammenarbeit

Es dürfte 1996 gewesen sein, als ich ein Vorstellungsgespräch zum Bürokaufmann bei einem Sanitärbetrieb hatte. Die Stelle wurde spontan frei, da ein Freund von mir sich doch für ein Studium entschlossen und deshalb kurzfristig abgesagt hatte. Ich habe dann direkt bei dem Betrieb mit der freien Stelle angerufen, und einen Tag später saß ich mit dem Chef und dem Ausbildungsleiter an einem Tisch. 20 Minuten nach dem Gesprächsbeginn hatte ich die Zusage, und am kommenden Montag war bereits mein erster Arbeitstag. Das alles passierte, ohne dass ich auch nur ein einziges Mal mein Zeugnis vorlegte, was, nebenbei gesagt, auch sehr schlecht war.

Qualifikation fängt bei mir woanders und fernab von Noten an. Wenn ich mit einer Person zusammenarbeiten möchte, frage ich mich stets, wie die Einstellung der Person ist. Wie ist die Bereitschaft? Welche Ziele hat die Person? Und was ist sie bereit, zu verändern, wenn sie mit mir zusammenarbeitet? Erst, wenn das alles geklärt ist, geht es um so etwas wie Kenntnisse, Beurteilungen, Fähigkeiten, Fertigkeiten und dergleichen. Genau das waren auch die Punkte, weshalb ich den Job bekam.

---

**Frage dich vor jeder Kooperation, ob die Einstellung der Person zu dir passt.**

---

Seit dem damaligen Bewerbungsgespräch sind über 20 Jahre vergangen. Inzwischen bin ich selbst Unternehmer und habe viele Mitarbeiter. Ich habe schon über 100 Kooperationen durchgeführt und eine Menge Erfahrungen gesammelt. Wenn du auch mit Menschen dauerhaft zusammenarbeiten willst, dann möchte ich dir jetzt fünf entscheidende Tipps geben, die mir extrem geholfen haben:

- Es gibt nur eine Person, die führt. Das sollte klar geregelt sein. Wer hat das Sagen? Wer hat im entscheidenden Moment das letzte Wort? Wer ist dann am stärksten, wenn es brenzlig wird? Triff klare Absprachen und halte sie am besten auch schriftlich fest. Missverständnisse kosten Beziehungen – sowohl privat, als auch geschäftlich. Je besser alles abgesprochen wurde, desto klarer sind die Erwartungen.

- Wenn du mit jemandem zusammenarbeiten willst, dann finde heraus, ob die Person eher reagiert oder agiert. Es gibt Menschen, die brauchen klare Anweisungen, und dann gibt es wiederum Personen, die wollen sich kreativ einbringen und sind Macher. Wenn du einem Kreativen alles vorgibst, wird er sich nie entfalten und seine Leistung ausspielen können. Gibst du einem Ausführer keine detaillierten Aufgaben, fühlt er sich verloren und unter Druck gesetzt.
- Jeder Kooperationspartner braucht seine eigenen Ziele. Gerade dann, wenn es darum geht, Mitarbeiter einzustellen, sollten diese nicht nur für deine Ziele arbeiten, denn jeder Mensch möchte sich selbst verwirklichen und individuell sein – das ist ein Grundbedürfnis. Selbst dann, wenn man gemeinsame Ziele verfolgt, sollte es noch weitere, individuelle Ziele für jede Person geben.
- Bevor du eine längere Zusammenarbeit beschließt, solltest du diese Kooperation testen. Das kann ein Probejob sein, ein freies Projekt oder auch ein Praktikum. Denn in der Theorie passt man viel besser zusammen, als es oft in der Praxis der Fall ist. Aus diesem Grund sollte eine Kooperation nach Möglichkeit getestet werden.

- Egal, mit wem du zusammenarbeitest, achte immer darauf, dass dein Kooperationspartner Anerkennung bekommt. Egal, wie sehr eine Person hinter den Kulissen arbeitet – sie trägt trotzdem ihren Teil zum großen Ganzen bei. Also laufe nicht Gefahr, das Lob und die Anerkennung alleine einsammeln zu wollen.

Erfolgreich wird man nie alleine, und du solltest so früh wie möglich zum Teamplayer werden. Du wirst dich dadurch schneller entwickeln, deine Ziele in weitaus kürzerer Zeit erreichen und mit den richtigen Menschen auch viel mehr Spaß haben.

---

**Werde so früh wie möglich zum Teamplayer und nutze die Vorteile für dich.**

---

Diese fünf Tipps kannst du sowohl dann einsetzen, wenn du Mitarbeiter oder Angestellte hast, als auch in der Zusammenarbeit mit anderen Geschäftspartnern, Freunden oder Bekannten. Es geht immer darum, dass beide Parteien von der Kooperation profitieren, egal, ob es sich um eine dauerhafte oder temporäre Zusammenarbeit handelt.

## Wie ich mir ein Team aufgebaut habe

Wenn du dir ein Business oder ein Unternehmen aufbaust, dann kommt früher oder später der Moment, in dem du darüber nachdenkst, einen Mitarbeiter einzustellen oder dir ein Team aufzubauen. Ich möchte dir jetzt auf keinen Fall vorgeben, wie du es unbedingt machen musst. Stattdessen möchte ich dir einen Einblick geben, wie ich es bei mir im Unternehmen mache. Da du hier sehr spezielle und außergewöhnliche Methoden hörst, sieh es bitte nur als Inspiration und entscheide später, was du davon wirklich übernehmen willst.

Nehmen wir mal an, ich habe eine Ausschreibung gemacht, dass ich jemanden für mein Team suche, und es hat sich auch jemand gemeldet, der Interesse hat. Wie läuft das Ganze ab?

Zuerst einmal schreibe ich der Person, dass sie mir Informationen darüber zukommen lassen soll, wer sie ist und was sie aktuell macht. Ich verlange also keine gewöhnliche Bewerbung, sondern antworte mit einem Satz: »Bitte schreibe mir mal, was du machst und wer du bist«. Daran erkenne ich dann schon, wie viel Mühe und Formalität diese Person in ihre Bewerbung steckt. Alleine daraus kann ich dann einen Persönlichkeitstyp entnehmen.

Es geht hier gar nicht darum, dass die Person viel Aufwand betreibt, sondern es geht eher um die Einstellung und die Art und Weise, wie mir jemand antwortet. Man kann ganz gut erkennen, ob darin echtes Interesse und Leidenschaft zum Ausdruck kommt. Das gilt aber nicht nur für die Bewerbung, sondern auch für das persönliche Gespräch. Auch hier merke ich schon nach kurzer Zeit, ob die Chemie stimmt und die Person überzeugt.

Im nächsten Schritt kommt es dann zu einem Telefonat. Hier stelle ich Fragen, was die Person sich von mir und dem Unternehmen erwartet und erkläre, was ich erwarte. Außerdem beschreibe ich den Ablauf, wie man bei uns ins Team kommt. Dazu werde ich dir gleich noch etwas erklären. Noten interessieren mich dabei nicht – Kenntnisse aber schon. Also erfrage ich am Telefon, welche Kenntnisse diese Person hat. Wenn die

Voraussetzungen passen und die Bewerberin oder der Bewerber dann, nachdem der Ablauf erklärt wurde, in mein Team möchte, läuft das Ganze wie folgt ab:

Zuerst muss diese Person ein Praktikum bei uns im Unternehmen absolvieren. Meistens für einige Tage bis zu zwei Wochen. Das Praktikum ist unbezahlt und dient einfach nur dazu, sich gegenseitig kennenzulernen und festzustellen, ob grundsätzlich alles passt.

Falls die Zusammenarbeit wunderbar klappt, ist der nächste Schritt die Teilzeit. Das bedeutet, die Person kommt vielleicht nur etwa 40 Stunden im Monat und bekommt dafür eine Bezahlung. So kann man dann weitere ein bis drei Monate testen, wie die Zusammenarbeit funktioniert. Erst dann kommt man bei uns im Team in die Vollzeitstelle.

Du siehst also: Eine Person, die bei uns ins Team möchte, muss erst einmal in Vorleistung gehen – und das ist auf dem Arbeitsmarkt nicht unbedingt üblich. Das ist mir bewusst, und ich habe dafür auch schon negatives Feedback bekommen. Aber was soll ich sagen? Es hat sich bei uns bewährt, denn fast jede Person, die sich bei uns meldet, durchläuft diesen Prozess und ist bei uns glücklich. Außerdem besteht auch immer die Möglichkeit, diesen Prozess zu verkürzen, wenn man früh feststellt, dass man gut zueinander passt.

---

**Jeder Bewerber muss in Vorleistung gehen – und das lohnt sich.**

---

Es ist auch so, dass ich meistens Menschen für mein Unternehmen suche, die unzufrieden sind. Warum das denn? Ganz einfach: Ich möchte mit meinem Unternehmen der Person neue Entfaltungsmöglichkeiten und einen neuen Lebensstil bieten. Das geht eigentlich nur, wenn eine Person in ihrem bisherigen Umfeld unzufrieden ist. Viele Personen da draußen können so viel, können sich aber leider nicht entfalten. Deshalb ist es immer Musik in meinen Ohren, wenn sich jemand bei uns bewirbt, der mit seiner aktuellen Situation nicht happy ist – denn das ist meine Mission: Menschen, die bei uns arbeiten, ein besseres zu Umfeld bieten.

---

**Ich biete unzufriedenen Menschen eine neue Entfaltungsmöglichkeit.**

---

In der Regel achte ich auch darauf, wie viel eine Person bereit ist, aufzugeben. Nehmen wir mal an, eine Person wäre bereit, eine Wohnung zu kündigen und komplett umzuziehen, dann zeigt mir das, wie viel Einsatzbereitschaft dahinter steckt, bei uns ins Team zu kommen. Es ist auch so, dass eine Person, die die Brücken hinter sich abbricht, sehr gerne im Team bleibt. Ich vergleiche das immer sehr gerne mit einer Beziehung: Wenn man einen Freund oder eine Freundin hat und sich heftig streitet, dann liegt es sehr nahe, dass man sich im Eifer des Gefechts trennt. Der Stolz sorgt dann meistens dafür, dass es auch dabei bleibt. Wenn du aber verheiratet bist und Kinder hast, dann trennst du dich nicht so einfach, weil du genau weißt, dass viel mehr auf dem Spiel steht. Aus diesem Grund finden diese Streitereien dann auch immer weniger statt – weil du das Große und Ganze siehst. Wenn also jemand seine Brücken hinter sich abbricht und große Entscheidungen trifft, bei denen es kein Zurück mehr gibt, dann versucht er eher, die Situation zu meistern.

---

**Wer bereit ist, etwas für die Stelle aufzugeben, der meint es zu 100 Prozent ernst.**

---

Das waren jetzt wirklich nur mal die wichtigsten Tipps dazu. Ich weiß, dass diese sehr speziell und vielleicht nicht auf jedes Business übertragbar sind. Aber denke einfach darüber nach, ob etwas für dich dabei ist, und wenn du etwas findest, das für dich infrage kommt, dann kannst du es umsetzen.

# 7

# Follower und Reichweite

Ich kann mich noch gut an die Zeit vor Social Media erinnern. Damals habe ich einen Fotografen bewundert und es war für mich unheimlich schwer beziehungsweise kaum möglich, diese Person zu kontaktieren oder mehr über sie zu erfahren. Ich konnte nur hoffen, dass diese Person vielleicht für ein Interview ins Fernsehen kommt. Oder ein Buch schreibt. Und wenn ich sie kontaktieren wollte, musste ich einen Brief schreiben (oder später eine E-Mail).

Wie ist das heute? Heute findest du ganz oft Videos auf YouTube. Du findest ein Facebook-Profil und erfährst rasend schnell, welche Musik diese Person gerne hört und was ihr sonst so gefällt. Auf vielen Plattformen wird dir sogar angezeigt, welche gemeinsamen Bekannten ihr habt. Wie abgefahren ist das denn bitte?

Für mich persönlich gibt es keinen Grund, Social-Media-Plattformen nicht zu nutzen. Es gibt zwei Dinge, die die Menschen oft daran hindern, in den sozialen Medien aktiv zu sein. Zum einen ist es das Verständnis (im technischen Sinne) für die Plattform und zum anderen die Informationsflut, mit der man quasi zugeschüttet wird. Aber diese beiden Faktoren können wir ganz einfach kontrollieren. Inzwischen gibt es zu jeder Plattform Erklärvideos, die beschreiben, wie sie funktioniert. Und wenn du weißt, wie etwas technisch funktioniert, dann macht es auch mehr Spaß.

Was die Informationsflut angeht: Folge nicht zu vielen Menschen. Sortiere immer wieder aus und frage dich, welche Menschen dich wirklich weiterbringen – sowohl wirtschaftlich als auch persönlich. Ansonsten wird dir Social Media ganz schnell zum Verhängnis. Denn im Alltag gehst du ja auch nicht auf jede Veranstaltung oder willst jede Person kennenlernen und wissen, was sie macht. Entscheide dich also für wenige Menschen, folge diesen dafür aber intensiver.

Ich nutze Social Media nicht nur, um zu schauen, was meine Kollegen so machen oder um Menschen kennenzulernen. Ich nutze Social Media natürlich auch, um Geld zu verdienen. Im Folgenden will ich dir ein paar Gedanken mit auf den Weg geben, wie ich das mache und wie ich Social Media betrachte.

Aber vorher noch eine Sache: Ich habe inzwischen viele Mitarbeiter und gebe extrem viele Aufgaben ab. Doch eine Sache wird stets bei mir selbst bleiben, und das ist der direkte Kontakt zu den Menschen, die dafür verantwortlich sind, dass ich heute da bin, wo ich bin. Daher kann ich jedem da draußen wirklich nur empfehlen, Social Media selbst zu betreiben. Lies die Kommentare selbst und beantworte sie selbst. So bekommst du ein unheimlich gutes Gefühl dafür, wie deine Community und deine Kunden ticken. Zumindest dann, wenn es auf der Plattform um deine Person geht, solltest du diese Aufgabe auf keinen Fall abgeben.

## Reichweite und Bekanntheit

Vor etwa 20 Jahren hat mich kaum jemand gekannt. Heute hingegen werde ich selbst in meinem Urlaub in Thailand an den abgelegensten Orten angesprochen. Auch ich habe einmal mit null Facebook-Fans und null Instagram-Followern begonnen. Ich erinnere mich gerne an mein erstes Event zurück, das ich zu einer Zeit veranstaltet habe, als es soziale Medien in dieser Form noch nicht gab. Es kamen 100 Teilnehmer – was durchaus beachtlich ist, wenn man bedenkt, dass sich das auf ganz anderem Wege rumgesprochen haben muss.

Das Streben nach Aufmerksamkeit und Anerkennung gehört zu unseren Grundbedürfnissen und wird in der heutigen Social-Media-Zeit nur verstärkt: Wer viele Follower hat, ist wichtig. Die Formel für Reichweite und Bekanntheit ist eigentlich ganz einfach. Sie lautet: Je wertvoller die Inhalte sind, die du den Menschen für keine oder eine geringe Gegenleistung anbieten kannst, umso bekannter wirst du.

Bevor ich das erste Mal Geld verdiente, gab es schon über 1.000 Forenbeiträge, die ich verfasst hatte, um den Menschen mit meinen Tipps zu helfen. Jeden Abend habe ich meinen Internet-Browser geöffnet. Dieser zeigte mir dann automatisch die fünf Foren an, in denen ich aktiv war. Ich habe dann alle fünf Minuten die Seiten aktualisiert, um Fragen in den jeweiligen Foren zu finden, die ich beantworten konnte. Das tat ich jeden Abend 30 bis 45 Minuten lang, über einen Zeitraum von einem Jahr. Ja, das war viel Arbeit, aber ich machte mir damit langsam einen Namen.

Natürlich kannst du auch hoffen, mit deinem Inhalt einen viralen Hit zu erzeugen. Allerdings solltest du im Hinterkopf behalten, dass du damit schnell die falsche Zielgruppe anziehst. Ich hatte beispielsweise einen solchen »viralen Hit«, als ich ein Bild von einem bulgarischen Fitnessmodel hochgeladen habe. Dieses Model, das sehr viele Follower hatte, hat meinen Post dann geteilt, und so bekam ich über Nacht mehr als 1.000 neue Fans. Das Problem war, dass die meisten Fans dann kein Wort von dem verstanden, was ich schrieb. Sie waren also einfach die falsche Zielgruppe.

Wenn du dir eine Reichweite und Bekanntheit bei den passenden Menschen aufbauen möchtest, dann empfehle ich dir, mehr zuzuhören. Stelle deiner Community mehr Fragen und interessiere dich für sie, denn dann wirst du in der Lage sein, genau die Inhalte erstellen zu können, die für diese Menschen relevant sind.

---

**Es geht nicht um eine große Follower-Anzahl, sondern darum, die richtigen Follower zu haben.**

---

Mache auch keine Pausen, sondern sei regelmäßig aktiv. Das heißt nicht, dass du alle fünf Minuten auf dein Handy schauen musst, aber ein gewisser Rhythmus sollte da sein – und dies gilt nicht nur für die sozialen Medien. Stelle dir einfach vor, du wärst einem Sportverein beigetreten. Dann würdest du ja auch regelmäßig, also meistens zweimal in der Woche, zum Training gehen. Würdest du hingegen nur ab und zu auftauchen, würdest du nie die gleiche Art von Beziehung zu deinen Teamkollegen aufbauen können wie ein regelmäßig aktives Mitglied. Wie erwähnt, gilt dieser Tipp nicht nur für Social Media, sondern auch für Offline-Events, Stammtische, und so weiter. Außerdem solltest du die von dir genutzten Plattformen im Auge behalten, denn immer wieder ändert sich der Algorithmus oder es gibt andere Neuerungen. Bilde dich daher regelmäßig weiter, um die Plattform so vorteilhaft wie möglich nutzen zu können.

**Regelmäßige Aktivität und Weiterbildung sind unerlässlich, wenn du mit Social-Media erfolgreich sein möchtest.**

Wichtig ist auch, dass du Spaß hast und transparent bist. Hab keine Angst, persönliche Dinge zu teilen und deinen Charakter zu zeigen, denn das fasziniert die Menschen am meisten. Wenn du dann einmal eine gewisse Bekanntheit und Reichweite hast, kannst du auch darüber nachdenken, kleinere Communities und Gruppen zu gründen, bei denen die Menschen sich dann über speziellere Themen austauschen können. Wir merken das bei Facebook: Die Plattform ist so groß geworden, dass es unheimlich schwer ist, mit den Menschen überhaupt noch in eine Kommunikation zu gehen. Deshalb empfehle ich dir, Gruppen zu gründen, in denen du dich dann mit wenigen Menschen umso intensiver austauschen kannst.

**Gründe Gruppen, um gezielt spezielle Themen abdecken zu können.**

Wenn du mit deiner Reichweite Geld verdienen möchtest, brauchst du auf keinen Fall Tausende von Followern. Im Prinzip reichen auch 100 wahre Fans. Dazu erzähle ich im folgenden Abschnitt gleich mehr. Aber bevor du daran denkst, Geld zu verdienen, vergiss bitte meine Formel nicht: Je wertvoller die Inhalte sind, die du den Menschen für keine oder eine geringe Gegenleistung anbieten kannst, umso bekannter wirst du – und genau damit solltest du starten.

## Weniger, aber dafür intensiver

»Hey, Calvin! Wie bekommt man eigentlich über 100.000 Fans auf Facebook? Das will ich auch erreichen!« Das ist eine der häufigsten Fragen, die man mir stellt, und mit Sicherheit ist sie auch nicht ganz uninteressant. Aber vertraue mir: Konzentriere dich gerade am Anfang auf die wenigen Menschen, die dir folgen, und kümmere dich um diese umso intensiver.

Es gibt einen Blogeintrag aus dem Jahr 2008, verfasst von Kevin Kelly, der ausführlich beschreibt, dass du eigentlich nur 1.000 wahre Fans brauchst, um erfolgreich zu sein. Jetzt stelle dir einmal Folgendes vor: Du hast nur diese 1.000 wahren Fans, aber diese würden, über das ganze Jahr verteilt, jeweils 300 Euro in deine Produkte oder Dienstleistungen investieren. Das würde bedeuten, dass du mit diesen 1.000 Fans einen Jahresumsatz von 300.000 Euro generierst. Nicht schlecht, oder? Drehen wir das Beispiel einmal um: Du hast nur 300 wahre Fans, aber diese würden, über das ganze Jahr verteilt, jeweils 1.000 Euro in dich investieren. Auch hier sind wir wieder bei 300.000 Euro Jahresumsatz. Du kannst diese Zahlen abändern, wie du magst. Was würde passieren, wenn du nur 500 wahre Fans hast, die im Jahr jeweils 500 Euro in dich investieren? Oder 1.000 Euro? Wenn du eine Million Euro als Jahresumsatz haben möchtest, dann entspricht das 1.000 Fans, die jährlich 1.000 Euro in dich investieren.

Höre also auf, immer nur auf Reichweite zu gehen, und kümmere dich lieber intensiv um die wenigen existierenden Unterstützer. Du brauchst auch nicht ständig nach neuen Kunden suchen – biete doch einfach bestehenden Kunden etwas Neues an.

**Kümmere dich intensiv um deine Fans und binde Kunden mit neuen Angeboten an dich.**

Ich möchte dir auf keinen Fall den Tipp geben, keine Reichweite aufzubauen, denn je mehr Reichweite (Quantität), umso wahrscheinlicher ist natürlich auch, dass treue Fans darunter sind (Qualität). Ich möchte dir bloß empfehlen, dies nicht zu deinem Hauptfokus zu machen, denn so entsteht nur unnötiger Druck.

Mein Tipp: Schaffe dir eine eigene Plattform, auf der du dich mit diesen wenigen Menschen austauschen kannst. Wichtig ist auch, dass deine Unterstützer sich untereinander austauschen können. Das ist via Social Media und generell über das Internet sehr einfach geworden. Du kannst zum Beispiel eine eigene Facebook-Gruppe oder ein eigenes Forum erstellen. Die Mitglieder versorgst du dann mit Informationen, bleibst nah bei ihnen und gibst mehr, als du nimmst. Schnell wirst du merken, dass sich automatisch immer mehr Menschen deiner Community anschließen.

**Schaffe dir eine eigene Plattform, auf der du dich mit deinen Fans austauschen kannst.**

Nimm in der Zukunft jeden neuen Follower wahr. Ignoriere keinen Kommentar und kein Feedback, denn hinter jedem Feedback könnte ein neuer, treuer Fan stecken, der deinen Weg begleiten wird.

## Was soll ich posten?

Social Media ändert sich ständig und zu diesem Thema habe ich auch schon ganz viele Weiterbildungen auf den Markt gebracht. Aber auf eine Sache – die Wichtigste – möchte ich jetzt etwas näher eingehen. Sicher hast du dich auch schon mal gefragt, was du überhaupt posten sollst, oder? Das ist übrigens die am häufigsten gestellte Frage auf meinen Social-Media-Seminaren.

Zuerst einmal: Mache dir den Begriff »Social Media« bewusst. Darin enthalten ist Soziales beziehungsweise Persönliches. Gib deiner Community die Chance, dich und dein Unternehmen kennenzulernen. Was sind deine Werte? Womit beschäftigst du dich? Und falls du ein Unternehmen hast, wer arbeitet da? Wer sind die Menschen? Je persönlicher, desto besser!

Immer wieder hört man von Social-Media-Coaches den Satz »Content is King«. Nein! Guter Content ist nicht mehr King – das wird mittlerweile vorausgesetzt. Aber Social ist King – denn wie erwähnt: es heißt nicht Content Media, sondern Social Media.

---

**Nicht Content, sondern Social ist King!**

---

Texte bitte auch so, als würdest du zu einer Person sprechen: locker und freundschaftlich. Denn aus diesem Grund sind die Leute in den sozialen Medien aktiv: um andere Menschen kennenzulernen und sich zu unterhalten.

Via Livestreams lasse ich meine Community stets an meinem Leben teilhaben.

Jetzt mal ganz ehrlich: Du könntest mir alles nehmen. Solange du mir nur mein Handy und das Internet lässt, wäre ich im Prinzip ständig in der Lage, mir etwas Neues aufzubauen. Denn Social Media ist nichts anderes als der Kontakt zu anderen Menschen – so, wie wir es auch offline machen. Und seine Ziele erreicht man immer nur mit oder durch andere Menschen erfolgreich. Also interessiere dich für die Menschen. Stelle Fragen und beantworte sie. Baue Beziehungen auf und pflege sie.

---

**Baue in deinen Postings echten Kontakt zu deinen Followern auf und interagiere mit ihnen.**

---

Schaue dir jetzt bitte mal deine letzten Posts in den sozialen Medien an – egal ob auf Facebook, Instagram oder einer anderen Plattform. Wie oft kommen da Worte wie »ich, wir, bei uns« und so weiter, vor? Falls das der Fall ist, dann ändere das und schreibe eher »ihr, du und euch«. Das ist zwar gar nicht so einfach, aber die wenigsten Menschen folgen gerne jemandem, der nur über sich selbst redet. Selbst wenn du einen Einblick hinter die Kulissen und in deine Denkweise gewährst, dann mache dies so, dass die Community merkt, dass du es für sie machst und dass es sich auch an sie richtet. Das tust du, indem du häufiger die direkte Ansprache verwendest.

---

**Sprich vom WIR, nicht nur von DIR!**

---

Noch etwas: Wenn du die Möglichkeit hast, dann mache aus Online stets Offline. Es gibt nichts Besseres und Schöneres, als dem Menschen, den man kennt, dann auch irgendwann in die Augen zu schauen.

## Die Starbandstrategie

Auf einer Veranstaltung, für die ich gebucht war, hörte ich einmal einen Vortrag eines Kollegen. Dieser Kollege war sehr erfolgreich und damals viel weiter als ich. Nach dem Vortrag ging ich zu ihm und fragte ihn, was ich tun müsste, um dahin zu kommen, wo er war. Er sagte mir, dass ich Fans bräuchte. Das hat mich zunächst ein klein wenig verwirrt. Er erklärte mir dann, dass ein Kunde nur dann investiert, wenn er etwas braucht. Ein Fan hingegen investiert, weil er möchte. Der Kunde beschwert sich, der Fan verteidigt dich.

Nachdem er mir noch mehr Beispiele genannt hatte, war mir das Prinzip verständlich. Er erzählte mir allerdings auch, dass dieses Prinzip für die meisten ein kleines Problem war, denn wer Fans haben möchte, sollte auch ein bisschen Star sein.

---

**Wer Fans haben möchte, sollte auch ein bisschen Star sein.**

---

Star sein – das klingt erst einmal etwas negativ. Aber eigentlich bedeutet »Star« ja nur »Stern«. Es steht also dafür, heller zu leuchten, mehr aufzufallen, herauszustechen und ein Vorbild zu sein, zu dem man aufschaut. Und wer auffällt, kann definitiv mehr erreichen und bei anderen Menschen mehr bewegen.

Aus diesem Grund habe ich für mich persönlich die *Starbandstrategie* entwickelt, welche ich dir jetzt erklären möchte. Die Starbandstrategie ist im Prinzip die Grundlage von allem, was ich mache, und ein echtes Highlight in diesem Buch.

Die Grundlage lautet: Sei auffällig! Es ist wichtig, dass du viel Aufmerksamkeit bekommst und deine Stärken klar kommunizierst. Sieh dich als Stern, der hoch oben steht. Wie du auf der Grafik erkennen kannst, stehen die Menschen aus deiner Community weiter unten und bewundern dich, weil du da bist, wo sie noch hin möchten, weil du etwas hast, das sie auch möchten oder weil du etwas kannst, was sie noch nicht können. Je größer der Abstand zwischen euch ist, desto mehr Motivation stellt es für die Community dar. Wenn du also nur ein bisschen besser bist als die Community, dann werden deine Tipps natürlich weniger Wirkung haben, als wenn du deutlich besser bist. Aus diesem Grund ist es wichtig, dass du hoch oben stehst.

---

**Steh hoch über der Community, um sie so zu motivieren.**

---

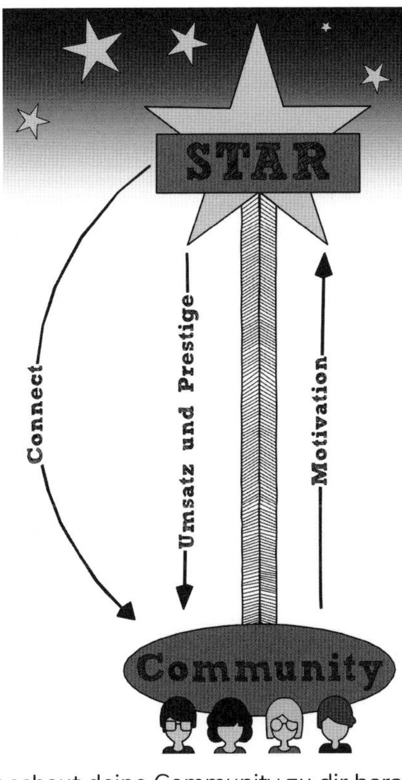


Als Star schaut deine Community zu dir herauf.

Dadurch hast du natürlich auch Vorteile. Gerade, wenn du geschäftlich unterwegs bist, kannst du als Star mehr Geld für deine Produkte und Dienstleistungen verlangen, als wenn der Abstand nur gering wäre. Es ist also ein Vorteil für beide Seiten.

Viele Stars kümmern sich aber nicht um ihre Community. Das heißt, dass der Star immer höher steigt, immer besser wird und immer weiter seinen Weg geht, ohne sich darum zu kümmern, dass ein Band oder eine Verbindung zur Community besteht. Wenn du dir also vorstellst, dass dieser Abstand zwischen dir und der Community mit einem Band gefestigt ist, dann ist es wichtig, dass das Band bei deinem Aufstieg nicht reißt. Es muss dafür sorgen, dass du die anderen mitziehst. Aus diesem Grund solltest du regelmäßig überprüfen, ob das Band zur Community noch besteht.

Wie macht man das? Ganz einfach: Begib dich in deine Community. Das erreichst du über Live-Streams, Veranstaltungen oder indem du einfach mal mit Menschen aus deiner Community telefonierst und so den Kontakt mit ihnen suchst. So erleben die Einzelnen innerhalb der Community, dass sie Teil des Ganzen sind und dass sie dazugehören. Außerdem zeigst du damit, dass du dich für sie interessierst. Beantworte ihre Fragen oder gib ihnen immer mal wieder etwas umsonst. All das festigt das Band. Wenn das Band fest ist, kannst du als Star richtig Gas geben und viel bewegen. Mache also auf keinen Fall den Fehler, die Community zu ignorieren.

---

**Festige das Band zur Community.**

---

Es ist allerdings auch wichtig, dass du dich nicht dauerhaft bei der Community befindest, da du sonst die Wirkung als Star und die Möglichkeit, viel bewegen zu können, verlierst. Aber ab und zu solltest du dich immer wieder mal auf die Augenhöhe der Community und Kunden begeben, um Vertrauen aufzubauen und das Band zu festigen. Dabei wirst du merken, dass es nicht negativ wahrgenommen wird, wenn du deine Erfolge und Stärken kommunizierst, denn das möchte die Community ja auch erreichen.

## Umgang mit Hatern

Sobald du auffällst und erfolgreich wirst, werden irgendwann auch Hater auf dich aufmerksam. Was ich mit Hater meine, möchte ich gerne anhand einer sehr treffenden Definition, auf die ich im Internet aufmerksam wurde, erklären:

> »Ein Hater ist ein Mensch, der nichts leistet oder zumindest nichts, was andere Menschen wertschätzen, und sich zwanghaft durch den Erfolg anderer Menschen angegriffen und an eigene Minderwertigkeitsgefühle erinnert fühlt. Anstatt sich zu verbessern und an sich zu arbeiten, versucht der Hater, mit permanenter und sinnfreier Kritik andere auf das eigene Niveau herunterzuziehen.«

Jemand, der über andere herzieht, sieht in der Regel einen großen Abstand zwischen sich und der Person, über die er herzieht. Und aus diesem Grund greift er diese Person an, redet sie schlecht. Das Ziel ist, damit den Abstand zu verkürzen. Der Hater fühlt sich also dadurch besser. Oftmals bekommt der Hater sogar noch Zuspruch von anderen Hatern, wodurch er sich bestätigt und anerkannt fühlt.

Aber wie geht man mit solchen Reaktionen um?

## Tipp 1: Man kann es nicht jedem recht machen

Das klingt vielleicht etwas abgedroschen, aber denke doch mal genau darüber nach. Die Menschen sind so unterschiedlich, dass man es gar nicht jedem recht machen kann. Selbst Biene Maja bekommt Dislikes! Wie willst du das also vermeiden? Lass dich von den wenigen negativen Kommentaren nicht runterziehen und konzentriere dich lieber auf das positive Feedback.

## Tipp 2: Verzeih dem Hater

Diesen Tipp habe ich vor vielen Jahren von Vera F. Birkenbihl bekommen. In erster Linie hilft er dabei, dich selbst besser zu fühlen. Stell dir einfach mal vor, was diese Person eventuell gerade durchmacht. Vielleicht hat sie ihren Job verloren? Vielleicht ist im Familienkreis etwas passiert? Vielleicht läuft im Privatleben irgendwas gerade nicht rund? Dann wäre es doch ein bisschen nachvollziehbarer, dass diese Person gerade etwas Dampf ablassen muss oder überreagiert. Dir geht es vermutlich gerade viel besser als dieser Person – also sei nicht böse auf sie, verzeih ihr einfach diesen Ausrutscher.

## Tipp 3: Lösche böse Angriffe

Wenn eine Person plötzlich vor deiner Haustür steht, du aufmachst, und die Person plötzlich in deine Wohnung läuft, um ihr Geschäft auf deinem Teppich zu verrichten, würdest du den Haufen vermutlich nicht liegen lassen und die Person auch nicht bitten, zu bleiben, oder? Und genauso machst du es auch mit bösen Kommentaren – lösche sie und blockiere die Person, die sie gepostet hat.

## Tipp 4: Frage nach dem Problem

Frage die Person, die dich angegriffen hat, was sie dazu veranlasst hat, dich anzugreifen. Bleibe dabei ruhig und sachlich. Wenn du nett nachfragst, passieren meist zwei Dinge. Erstens bekommst du Zuspruch und Bewunderung von deiner Community für eine so tolle Reaktion und zweitens reagiert die Person meist total angenehm und ändert ihr Verhalten. Ich habe es schon oft erlebt, dass ein Hater zu einem meiner größten Fans wurde.

## Tipp 5: Prüfe die Relevanz

Frage dich, ob die Person, die dich gerade angegriffen hat, zu deiner Zielgruppe gehört. Meistens ist das nämlich gar nicht der Fall. Und dann brauchst du den Angriff auch nicht sehr hoch zu bewerten.

## Tipp 6: Einen Löwen kümmert es nicht, was Schafe über ihn denken

Dieser Tipp resultiert aus Tipp 5 und gehört zu meinen absoluten Lieblingsmottos. Der Spruch hängt übrigens ausgedruckt und eingerahmt im meinem Büro. Doch was ist damit gemeint? Ein Löwe führt ein völlig anderes Leben als ein Schaf. Daher muss sich der Löwe auch nicht darum kümmern, wenn das Schaf über ihn lacht und eine andere Meinung hat als er. Es sind zwei völlig unterschiedliche Tiere mit völlig unterschiedlichen Zielen. Und genauso ist es auch bei uns Menschen. Nicht jeder hat die gleichen Vorstellungen, Ideale und Zielsetzungen – und das ist doch gut so.

Zum Abschluss möchte ich noch eine provokante Aussage treffen: Wenn du noch keine Hater hast, bist du noch nicht interessant genug. Denn sobald du dich von der Masse abhebst, interessant wirst, Erfolg hast, wirst du Gegenwind bekommen. Das ist völlig normal – also bereite dich schon einmal darauf vor und geh entspannt damit um.

# 8

# Business

Das Thema Business, Selbstständigkeit und Unternehmertum ist so umfangreich, dass ich dazu vermutlich später einmal eigene Bücher schreiben werde. Aber ein paar Dinge möchte ich hier schon mit dir teilen und natürlich auch meinen Kindern weitergeben – denn wie du dich erinnerst, war das ja der Grundgedanke des Buches: das Wissen auch an meine Kinder weiterzugeben.

Wenn man sich ein Business aufbaut, sollte es nie des Geldes wegen sein, sondern immer, um anderen Menschen zu helfen oder um Probleme zu lösen. Wenn man dann für diese aufgebrachte Zeit Geld verlangt, dann ist daran überhaupt nichts verwerflich. Mein Vater war LKW-Fahrer und meine Mutter machte Heimarbeit. Ich habe bis zu meinem 22. Lebensjahr noch zu Hause gewohnt. Wie du siehst, war es bei mir also nicht unbedingt vorhersehbar, dass ich irgendwann mal Unternehmer werde und Mitarbeiter führe.

Eigentlich wurde ich Unternehmer aufgrund der Probleme und Fragen von anderen Menschen. Erst wollten die Menschen wissen, wie ich fotografiere. Dann wollten sie wissen, wie ich dabei entstandene Bilder retuschiere. Später wollten sie wissen, wie Social Media funktioniert und wie man bekannter wird. Dann, ein paar Jahre später, auch noch, wie man sich ein Business aufbaut. Und indem ich diese Fragen beantwortete, habe ich mir ein Business aufgebaut.

Ursprünglich wollte ich damit nie Geld verdienen, aber ich wollte auch nichts drauflegen. So habe ich zu Beginn für meine Bilder oder meine Coachings nur 50 Euro pro Tag verlangt. Später, als die Nachfrage größer wurde, wurde ich immer mutiger und verlangte immer mehr. Aber nicht, um später mal in Luxus zu leben oder viel Geld zu haben, um mir Dinge zu kaufen, sondern um noch mehr Möglichkeiten zu haben, Probleme zu lösen und Menschen zu helfen.

Jetzt mal ganz ehrlich: Wir leben in einer Topzeit. Egal ob haupt- oder nebenberuflich – es war noch nie so einfach, sich etwas aufzubauen. Genau aus diesem Grund will ich dir jetzt meine wertvollsten Ratschläge mit auf den Weg geben, falls du darüber nachdenkst, dir etwas Eigenes zu erschaffen.

## Zielsetzung

Der wohl wichtigste Faktor, wenn es darum geht, ein Ziel zu erreichen, liegt zunächst einmal darin, ein Ziel zu haben. Ich bin jetzt mal ein bisschen provokativ und unterstelle dir, dass du noch kein klares Ziel hast! Aber hey, du kannst mich gleich eines Besseren belehren – denn die meisten Menschen haben Wünsche, und das ist der erste Schritt. Wünsche sind Vorhaben und Träume. Sie sind weder konkret noch terminiert. Aber genau diese Zutaten sollten in einem Ziel enthalten sein. Dazu kommen noch weitere, und die will ich dir jetzt nennen.

Dein Ziel sollte spezifisch und konkret formuliert sein, und auf jeden Fall auch messbar. Optimal wäre es auch, wenn du es so formulierst, dass eine Motivation entsteht. Und das wiederum geht nur, wenn du dir ein realistisches Ziel setzt. Dann gibt es noch den wichtigsten Faktor: Jedes Ziel braucht eine Deadline, also eine Terminierung. Für diese Faktoren gibt es eine Abkürzung, die du vielleicht schonmal gehört hast. Sie lautet **SMART**. Das steht für **Spezifisch**, **Messbar**, **Aktionsorientiert**, **Realistisch** und **Terminiert**. Ich möchte dir das jetzt einfach mal anhand eines eigenen Beispiels aufzeigen, und zwar von einem Ziel, welches ich bereits 2010 erreicht habe, aber das ich mir schon 2006 gesetzt habe. Es lautete folgendermaßen: Ich möchte bis Ende 2011 als erster deutscher Photoshop-Referent auf der *Photoshop World* in Las Vegas einen Vortrag halten, um anschließend noch bekannter zu sein. In dieser Zielformulierung ist alles enthalten. Lass es uns im Einzelnen durchgehen:

### Spezifisch

Naja, ich habe genau erwähnt, dass ich als Photoshop-Referent auf der *Photoshop World* in Las Vegas einen Vortrag halten möchte. Das ist schon ziemlich spezifisch und konkret.

### Messbar

Es ist messbar, da es um einen Vortrag geht. Du kannst hinterher prüfen, ob du ihn auch wirklich gehalten hast – es ist keine schwammige Formulierung. Das Messbare dient also immer zur Kontrolle.

### Aktionsorientiert

Ich muss zugeben, dass ich diesen Punkt erst jetzt hinzugefügt habe, weil ich es damals nicht auf dem Schirm hatte. Es ist der Zweck, um anschließend noch bekannter zu sein. Das steigert natürlich die Aktion und die Motivation.

### Realistisch

Ja, das war realistisch, da ich mir einen Zeitraum gegeben hatte, schon etwas Erfahrung mit Photoshop hatte und bereits etwas Englisch konnte.

### Terminiert

Das war es auch – bis Ende 2011.

Bevor du nun an deine eigene Zielsetzung gehst, hier noch ein paar Tipps: Plane nicht unbedingt Fünf-Jahres-Ziele, da sich je nach Branche alles viel zu schnell ändert, oder behalte dir im Hinterkopf, dass du deine Ziele immer anpassen können musst. Ich setze mir nur noch Jahres- oder Zwei-Jahres-Ziele. Wenn du dir langfristige Ziele setzt, kannst du daraus viele kleine Teilziele entnehmen, die kurzfristiger sind. Denn mit jedem erreichten Ziel steigt natürlich auch die Motivation. Wenn du dir hingegen ein Fünf-Jahres-Ziel setzt, dauert es viel zu lange, bis du motiviert bist. Also frage dich bei großen Zielen stets, welche kleinen Ziele du erreichen musst, um dem großen näher zu kommen. Nutze auch für die kleinen Ziele immer die SMART-Formel.

## Mehr Geld verdienen

Ich habe bereits erwähnt, dass ich früher deutlich weniger Geld verdient habe als heute und mich beim Tanken sogar zurücknehmen musste, damit ich anschließend noch genug Geld für Essen übrig hatte. Bin ich deshalb heute glücklicher?

Nein, auf keinen Fall. Aber ich bin freier und habe mehr Möglichkeiten. Genau aus diesem Grund solltest du darin bestrebt sein, ordentlich Geld zu verdienen – und wenn du es nur machst, um es denjenigen zu spenden, die nicht die Möglichkeit haben. Ich möchte dir nun erklären, was bei mir dafür gesorgt hat, dass ich mehr verdient habe. Auch wenn der ein oder andere Tipp vielleicht etwas eigenartig wirkt, lasse dich nicht beirren: Genau diese sieben Strategien haben dazu geführt, dass ich heute viel mehr verdiene als damals.

## Strategie 1: Beobachte mehr

Beobachte mehr, was um dich herum passiert. Stelle mehr Fragen und erkenne Chancen und Möglichkeiten. Die meisten Menschen warten immer nur auf Anweisungen, anstatt sich umzusehen, um zu verstehen, wie die Dinge funktionieren. Denke nicht nur nach – denke vor allem voraus! Stelle dir auch öfter mal die Frage: Was würde passieren, wenn ...? Stelle dir diese Frage, so oft es geht – auch, wenn sie aktuell vielleicht noch etwas eigenartig auf dich wirkt. Ich habe früher den Fehler gemacht, dass ich immer nur reagiert und das Umfeld nicht beobachtet habe. Aber das Umfeld liefert und bietet uns so viele Chancen und Möglichkeiten, die dafür sorgen können, dass wir mehr Geld verdienen!

## Strategie 2: Dein Umfeld

Wenn jeder um dich herum wenig verdient und eine negative Einstellung gegenüber Geld besitzt, wirst du es sehr schwer haben, mehr zu verdienen! Also versuche, Kontakt zu Menschen aufzubauen, die gerne über Geld reden und auch gut verdienen. Wenn du diese Menschen dann kennengelernt hast, frage sie, wie sie es geschafft haben, und versuche, ihre Einstellung zu übernehmen.

## Strategie 3: Verliere die Angst vor Geld

Diesen Tipp bekam ich von Christian Bischoff, der mir geraten hat, viel Geld in der Hosentasche bei mir zu tragen. Zu Beginn dachte ich, dass ich dieses Geld bestimmt verlieren würde. Aber genau darum ging es: Ich sollte lernen, die Angst davor abzulegen, dass es mir abhanden kommen könnte. Auf meinen Seminaren empfehle ich heute, immer mindestens 600 Euro in der Tasche zu haben, wenn du nur noch Jobs machen willst, die dir mindestens 600 Euro einbringen. Kommt dann mal eine Anfrage, bei der jemand nur 400 Euro zahlen möchte, kommt es dir gleich sehr wenig vor, da du ja immerhin ständig 600 Euro bei dir trägst. Übrigens: Diesen Betrag kannst du gerne anpassen – je nachdem, wo du dich gerade beruflich befindest.

## Strategie 4: Erhöhe deine Preise

Du wirst mit der Zeit immer besser, also solltest du auch deinen Preis und deinen Wert entsprechend anpassen. Dadurch wird sich zwar die Zielgruppe ändern, es führt allerdings auch dazu, dass du wahrscheinlich weniger arbeiten musst, da du hochwertigere Jobs bekommst und mehr verdienst. Das wiederum führt dazu, dass du mehr Zeit hast, die erste Strategie umzusetzen: mehr beobachten.

Am Anfang wirst du denken, dass kein Mensch deine erhöhten Preise zahlt. Das ist völlig normal – so ging es mir auch! Aber glaube mir, es funktioniert. Habe keine Angst. Je besser du wirst, desto mehr solltest du verlangen!

## Strategie 5: Werde bekannt

Wenn du etwas kannst, sehe ich es als Pflicht, es den Menschen zu zeigen. Lass so viele wie möglich an deinem Können, deiner Leistung oder deinem Produkt teilhaben – zu Beginn auch gerne gratis. Mit den heutigen Möglichkeiten wie Social Media ist es überhaupt kein Problem, den Menschen dein

Wissen und Können zugänglich zu machen. Je bekannter du wirst, desto mehr Angebote wirst du bekommen und desto mehr Türen werden sich öffnen. Es werden mehr Chancen in dein Leben treten. Daher solltest du ständig daran arbeiten, deinen Namen und deine Leistung zu verbreiten. Wenn dich niemand kennt, wird es sehr schwer, Geld zu verdienen.

## Strategie 6: Baue dir ein Team auf

Versuche, dir so schnell wie möglich ein Team aufzubauen. Irgendwann wirst du feststellen, dass du nur bis zu einem gewissen Verdienst kommst, ab dem es nicht mehr weitergeht, da du dich ja nicht aufteilen kannst. Spätestens dann, wenn du in die Selbstständigkeit gehst, solltest du dir Menschen suchen, die für dich arbeiten möchten. Es gibt sehr viele Menschen, die Führung brauchen. Sie möchten nicht selbstständig sein und Entscheidungen treffen müssen. Gib diesen Personen einen Job. So schaffst du Arbeitsplätze und verdienst mehr Geld. Mit diesem Geld kannst du dann auch gerne weitere Personen einstellen. Erfolgreich wird man nie alleine!

## Strategie 7: Upsell statt Akquise

Wenn du bereits Kunden hast, die in dich investiert haben, dann biete ihnen noch weitere Leistungen an. Ich gehe auf dieses Thema ausführlich im Abschnitt »Upsell und Zusatzangebot« ein, aber das Prinzip lautet: Statt immer nur neue Kunden zu suchen, biete einfach denjenigen etwas mehr, die schon zu deinem Kundenkreis gehören. Das geht viel schneller und ist einfacher, da du ja bereits ihr Vertrauen besitzt. Falls du denkst, du würdest deine Kunden damit nerven, lege das Gefühl schnellstmöglich ab. Ich dachte das am Anfang auch, aber meistens haben sich meine Kunden dafür bedankt, ein weiteres Angebot bekommen zu haben. Schließlich interessieren sie sich ja dafür und haben einen Mehrwert dadurch.

So viel zu meinen sieben Strategien, um mehr Geld zu verdienen. Auf einige davon gehe ich im Buch noch gesondert und detailliert ein. Was ich dir aber auf jeden Fall auf den Weg geben möchte, ist, dass Geld niemals an erster Stelle stehen sollte. Aber es gibt auch keinen Grund, es außer Acht zu lassen, und es spricht überhaupt nichts dagegen, mehr Geld zu verdienen. Mein persönliches Motto lautet: Ich will richtig viel Geld verdienen, damit ich noch mehr Menschen helfen kann.

## Onlinebusiness

Als junger Erwachsener bestand meine einzige Möglichkeit, Geld zu verdienen, in Offline-Tätigkeiten. Zuerst habe ich vier Jahre lang als Bürokaufmann gearbeitet, später habe ich zusätzlich Nebenjobs als Möbellieferant und als Zeitungsbote angenommen. Im Jahre 2000 kam ich schließlich zum Militär und habe dort mein Geld verdient. Aber es war nie eine Online-Tätigkeit im Spiel – alles fand offline statt.

Wenn man sich heute umschaut, stellt man fest, dass diejenigen, die körperlich am härtesten arbeiten, oft am schlechtesten bezahlt werden. Das ist traurig, aber leider Realität. Aus diesem Grund kann ich jedem nur raten, sich Online-Tätigkeiten zu öffnen und sich intensiv damit auseinanderzusetzen.

Ich selbst bin unter anderem Fotograf, was eigentlich ein Handwerk ist. Doch auch hier hat sich das Berufsbild so verändert, dass es selbst als Fotograf möglich ist, online Geld zu verdienen – und zwar auf eine ganz anständige und seriöse Art. Eigentlich muss man sich ja nur einmal umschauen und andere Menschen beobachten, dann merkt man schon, dass immer mehr online passiert: Man schaut online Filme, geht online einkaufen und sucht online nach bestimmten Informationen. Davon kannst du natürlich auch profitieren.

Du kannst versuchen, dein Wissen und deine Erfahrung für andere zugänglich zu machen. Dabei meine ich nicht nur die Personen aus deiner Region, sondern auch all jene, die zwar an einem völlig anderen Ort wohnen, aber online erreicht werden können. Oft sagen mir Teilnehmer meiner Kurse dann: »Calvin, ich weiß aber nicht, was ich online anbieten könnte!« Meine Antwort darauf lautet dann: »Stell dir einmal selbst folgende Fragen:

- Was kann ich, was andere nicht können?
- Wo war ich, wo andere noch nicht waren?
- Was habe ich erlebt, was für andere noch unbekannt ist?
- Welche Ausbildung habe ich, die andere nicht haben?

Auf der Grundlage dieser Fragen kannst du eine Lösung erarbeiten und vielleicht ein eigenes Online-Produkt entwickeln.«

---

**Frage dich, was dich besonders macht, und entwickle daraus dein Online-Produkt.**

---

Nehmen wir mal ein Beispiel: Eventuell bist du schon den Jakobsweg gegangen? Dann kannst du allen Menschen, die das auch gerne machen möchten, zu genau diesem Thema Informationen zusammenstellen, welche du dann online anbietest. Eventuell bist du auch ein toller Musiker? Dann kannst du anderen Menschen dabei helfen, sich zu verbessern, indem du wichtige Informationen oder Übungen dazu anbietest. Mein Sohn bringt sich zum Beispiel gerade das Gitarrespielen bei. Was macht er? Er schaut auf YouTube Videos zu diesem Thema. Würde ich jetzt auf einen guten Kurs von einem talentierten Musiker stoßen, der dies gut erklärt, dann kann ich ehrlich behaupten, dass ich diesen kaufen würde.

Die Menschen geben generell gerne Geld aus, wenn es ihnen etwas bringt. Ich selbst bin ständig auf der Suche nach Dingen oder Informationen, welche mein Leben interessanter und einfacher machen. Wenn es das online gibt, dann schlage ich zu. Wie ist es bei dir?

---

**Produkte, die das Leben einfacher und interessanter machen, werden gekauft – auch online!**

---

Noch etwas ganz Wichtiges: Durch das Online-Geschäft spart man viel Zeit. Das gilt sowohl für den Anbieter, als auch für den Käufer – und Zeit ist wertvoll. Verschließe dich daher auf keinen Fall vor den Online-Möglichkeiten und denke mal darüber nach, was du anbieten könntest, das den Menschen da draußen das Leben spannender, interessanter oder einfacher macht.

## Offlinebusiness

Bis zum Jahr 2005 war ich eigentlich überwiegend offline unterwegs. Mit Sicherheit gab es auch Ausnahmen – zum Beispiel, wenn ich mir abends die Zeit in irgendwelchen Chaträumen vertreiben wollte. Dann habe ich anonym mit anderen Menschen hin- und hergeschrieben, was zwar recht lustig war, mir aber letztendlich nichts brachte.

Dennoch würde ich heute behaupten, dass ich meinen Werdegang zu 90 Prozent der Online-Welt zu verdanken habe, denn ab 2005 habe ich dann begonnen, mich in bestimmten Foren über bestimmte Themen auszutauschen oder dort meine Tipps zu teilen. So wurden mein Name und meine Leistung regelmäßig weitergetragen. So sehr ich es liebe, online unterwegs zu sein, verfolge ich trotzdem einen Grundsatz, den ich dir jetzt gerne ans Herz legen möchte: **Versuche, aus online offline zu machen.**

Ich finde, dass man online immer nur bis zu einem gewissen Punkt kommt und nicht in der Lage ist, eine gewisse Nähe oder vertrauensvolle Kooperation aufzubauen. Ich bin fest davon überzeugt, dass so etwas eher offline passiert, wenn man sich in die Augen schaut oder per Handschlag begrüßt.

Wir leben in einem Informationszeitsalter, in dem es extrem einfach geworden ist, andere Menschen zu kontaktieren. Im Prinzip erreichst du fast jede Person vom heimischen Sofa aus, indem du einfach dein Handy oder deinen Computer benutzt. Genau aus diesem Grund wird offline immer wichtiger, denn diese leichte Erreichbarkeit und der flüchtige, schnelle Kontakt sorgen dafür, dass diese Beziehungen online meistens nur sehr oberflächlich sind. Natürlich können wir mit Hilfe von Videos und Live-Streams schon relativ gut Vertrauen aufbauen, aber das wird nicht so intensiv passieren wie es offline möglich ist.

**Online-Business ist super, der persönliche Kontakt ist aber besser.**

Wenn du nun zu Beginn eher online unterwegs sein möchtest, dann rate ich dir, auf jeden Fall auf mehreren Plattformen einen Freundeskreis oder eine Community aufzubauen. Warum? Das ist eigentlich ganz einfach: Sollte von heute auf morgen eine Plattform von der Bildfläche verschwinden, willst du auf keinen Fall auch verschwinden. Genau das kann dir online aber schnell passieren: Du bist auf gewisse Weise von der Plattform abhängig.

**Sei auf mehren Plattformen präsent, um unabhängig zu bleiben.**

Wenn du dir dann eine Online-Community aufbaust, versuche auch regelmäßig, Treffen mit dieser Community zu organisieren, die offline stattfinden. Du kannst auch selbst regelmäßig andere Veranstaltungen besuchen, bei denen du Menschen mit den gleichen Zielen und Interessen triffst. Falls du jetzt den Einwand bringst, dass es in deiner Region keine passenden Veranstaltungen gibt, dann rufe sie einfach selbst ins Leben! Das ist das, was wir jetzt schon seit vielen Jahren machen: Wir organisieren Stammtische, Community-Events, Foto-Walks, Meet-and-Greets oder gemeinsame Foto-Reisen. Und glaube mir, die meisten Menschen sehnen sich nach persönlichem Kontakt und freuen sich über solche Formate.

Nach so vielen Jahren Erfahrung online und offline habe ich festgestellt, dass man online schneller Absagen bekommt und offline meistens Zusagen. Das betrifft gerade mögliche Kooperationen, und genau darum geht es im Leben ja oft: um Zusammenarbeit. Solche Kooperationen strebst du am besten im persönlichen Gespräch an – ohne Handy oder Computer.

## Werbung

Was bringt die beste Leistung oder das beste Produkt , wenn es niemand mitbekommt? Terence Conran geht sogar noch ein Stück weiter, wenn er behauptet: »Die Leute wissen nicht, was sie wollen, bis man es ihnen anbietet.«

Genau hier habe ich viele Jahre lang einen Fehler gemacht: Ich fühlte mich sehr unwohl dabei, andere Menschen auf meine Dienstleistung beziehungsweise auf meine Produkte hinzuweisen. Ständig hatte ich Angst, dass ich sie damit nerven könnte. Ich habe erst Jahre später gelernt und erlebt, dass Menschen generell gerne Geld ausgeben – allerdings nur dann, wenn es ihnen auch wirklich etwas bringt. Genau aus diesem Grund ist es wichtig, bei deiner Werbung den Mehrwert und die Leistung deines Produktes zu kommunizieren. Wenn das nämlich nicht der Fall ist, wird die Werbung sehr oft negativ wahrgenommen. Zudem sorgt Werbung immer dann für ein negatives Feedback, wenn sie schlecht präsentiert wird. Deshalb solltest du dir dabei viel Mühe geben.

Frage dich also ständig: Was haben andere davon, wenn sie in dich, in deine Dienstleistung oder in dein Produkt investieren? Und genau dieser Mehrwert und Vorteil muss ständig klar und deutlich in den Vordergrund gestellt werden. Erwähne also nicht die Leistung deines Produktes, sondern die Vorteile, die man durch die Anwendung hat. Genau diese Botschaft versuchst du, so kreativ und unterhaltsam wie möglich darzustellen.

---

**Kommuniziere kreativ und unterhaltsam, welche Vorteile dem Kunden durch deine Dienstleistung oder dein Produkt entstehen.**

---

Wenn du durch diese »Werbebotschaft« andere Menschen zum Lächeln oder zum Staunen bringst, werden sie eher investieren. Das ist eine ganz wertvolle Erfahrung, die ich erst in den letzten Jahren gemacht habe. Wenn du etwas anbieten kannst, das anderen Menschen hilft und ihr Leben verbessert oder vereinfacht, dann sehe ich es als Pflicht, dass du sie darauf hinweist und deine Leistung oder dein Produkt bewirbst. Höre auf keinen Fall auf diejenigen, die sich darüber ärgern, wenn du etwas bewirbst – denn genau diese Menschen hätten sowieso nie in dich oder dein Produkt investiert.

Ich möchte dir noch einen weiteren sehr wertvollen Tipp geben, mit dem ich nicht nur unglaublich viel Geld sparen, sondern auch noch viel mehr verdienen konnte: Oft ist es so, dass du auf aufwendige Werbung mit Werbebudget verzichten kannst. Was ist die Alternative? Hole doch stattdessen einfach mal dein Handy heraus, stelle dich vor ein Fenster, damit du schönes Licht hast, und erkläre dann den Menschen in einem Video völlig ehrlich, transparent und authentisch, was du anbieten kannst, und dass du dich freuen würdest, wenn sie darin investieren. Ich gebe dir die Garantie, dass deine Ehrlichkeit belohnt wird. Ich habe das schon sehr oft gemacht und dadurch viel Werbebudget und Aufwand gespart. Ich habe erkannt, dass so eine Botschaft oft viel besser konvertiert als eine aufwendig inszenierte Werbung.

**Ein einfaches, aber authentisches Video wirkt oft mehr als große und teure Werbekampagnen.**

Mache auf keinen Fall den Fehler, nicht auf dich und deine Leistung aufmerksam zu machen. Gerade in der heutigen Zeit ist das wichtiger denn je. Suche außerdem den Kontakt zu Personen, die die gleiche Zielgruppe besitzen, und frage sie, ob sie dich unterstützen können. Eventuell möchten sie dich, dein Produkt und deine Leistung empfehlen. Durch diese Empfehlung bekommt auch derjenige Lob, der sie ausspricht, da sich auch seine Zielgruppe freut, wenn man ihnen etwas anbietet, das zu ihnen passt.

## So funktioniert Werbung

Was passiert mit dir, wenn du dir einen Film anschaust und dieser plötzlich durch Werbung unterbrochen wird? Wahrscheinlich ärgerst du dich und bist genervt. Der Grund: Die Werbung wurde an einer Stelle platziert, die – emotional betrachtet – völlig unpassend war.

Nehmen wir eine andere Situation: Du gelangst beim Stöbern auf YouTube zu einem Video mit den 25 kreativsten Werbespots. Diese schaust du dir an und fühlst dich prächtig unterhalten. Worin lag jetzt der Unterschied? Und was kann man von diesen beiden Beispielen lernen?

Werbung funktioniert immer dann richtig gut, wenn sie genau die Menschen erreicht, die sich dafür interessieren – und zwar zum passenden Zeitpunkt. Darüber hinaus sollte die Werbung auch noch kreativ sein. Wichtig sind also drei Faktoren: Zielgruppe, Timing und Kreativität.

## Zielgruppe

Wenn du in deiner Stadt Flyer verteilst, wirst du damit vermutlich mehr Leute nerven als begeistern. Aus diesem Grund lohnt es sich, die heutigen Möglichkeiten des Internets zu nutzen – insbesondere Facebook. Dort kannst du die Werbung gezielt nur an die Menschen ausliefern, welche wirklich für dich infrage kommen. Genau deshalb empfehle ich dir auch, dich stets über die Möglichkeiten der Werbung über Google und Facebook auf dem Laufenden zu halten.

## Timing

Biete deiner Zielgruppe zu 80 Prozent Mehrwert durch Gratis-Content. Erst dann fängst du an, zu werben. Achte darauf, wann du deiner Zielgruppe etwas anbietest. Freitag Mittag sind die Leute sicher besser gelaunt als am Montagmorgen. Wann haben die Menschen mehr Geld? Zum Beginn oder zum Ende eines Monats? Auch das solltest du im Hinterkopf behalten. Und denke auch daran: Wenn das Wetter schön ist, sitzen viele nicht am Computer (falls du dort deine Werbung schaltest).

Wenn ich von meiner Frau etwas möchte, dann warte ich stets ab, bis sie gut gelaunt ist. Kennst du das? So solltest du das ebenfalls mit deiner Community machen! Versorge sie mit tollen Infos und bringe sie zum Lachen, bevor du etwas bewirbst.

### Kreativität

Gib dir bei der Werbung Mühe und nutze die heutigen Möglichkeiten: Erstelle Videos, schalte Live-Streams und nutze Tools. Kombiniere Altes mit Neuem oder mache doch einfach mal das Gegenteil von dem, was man von dir erwartet. Lass dich von den besten Werbungen der Welt inspirieren. Dazu gibt es unheimlich viele Websites und Magazine. An dieser Stelle möchte ich dir das Buch »Aufmerksamkeit« von Philipp Barth zum Thema Werbung empfehlen, welches ich selbst gelesen habe und extrem gut fand.

Von deiner Werbung hängt sehr viel ab. Es ist also enorm wichtig, dass du dir dabei Mühe gibst.

## Produkte auf den Markt bringen

Es dürfte etwa um das Jahr 2007 gewesen sein, als ich mein allererstes Produkt auf den Markt gebracht habe. Es handelte sich um eine CD mit Informationen und Erklärungen zum Thema Bildbearbeitung. Ich kann mich noch gut erinnern, wie der Verkauf abends um 20 Uhr startete. Bereits um 20.30 Uhr hatte ich mehr verdient als in den vorangegangenen zwei Monaten als Soldat. Das war natürlich ein unvergessliches Gefühl. Seit diesem Tag sind noch sehr viele Produkte dazugekommen – und mittlerweile habe ich über 150 Produkte auf den Markt gebracht, was mir bereits sehr viele Erfahrungen bescherte. Einige meiner wertvollsten Erfahrungen möchte ich dir jetzt mit auf den Weg geben.

Die wertvollste Erfahrung für mich ist Folgende: Ein eigenes Produkt zu haben, ist etwas richtig Gutes – und zwar für beide Seiten! Für dich ist es positiv, weil du mit diesem Produkt den Weg hinaus aus dem »Zeit-gegen-Geld-Tauschgeschäft« findest. Das bedeutet, dass du nur einmal etwas mehr Zeit investierst, um das Produkt zu erstellen, und anschließend dauerhaft durch die Verkäufe Geld einnimmst. Das ist ein relativ passives Einkommen, da du nicht mehr viel Aufwand betreiben musst, außer gelegentlich auf dieses Produkt hinzuweisen. Aus der anderen Perspektive betrachtet, ist es auch ein tolles Geschäft für den Kunden, denn dieser hat in der Regel die Möglichkeit, dein Produkt in Anspruch zu nehmen. Oftmals ist das auch deutlich günstiger, als wenn er zum Beispiel persönlich eine Leistung bei dir in Anspruch nimmt. Möglicherweise muss er auch nicht reisen oder sein Gebäude verlassen, wodurch er weitere Kosten sparen kann. Das Erstellen des Produktes hat also viele Vorteile für beide Seiten.

**Ein eigenes Produkt zu haben, ist für beide Seiten profitabel.**

Du solltest aber auf keinen Fall einfach nur das Produkt erscheinen lassen und kurz verkünden: »Hier ist es.« Meiner Meinung nach – und das ist die Erfahrung von zwölf Jahren und über 150 Produkt-Launches – solltest du dein Produkt mit einem großen Trommelwirbel ankündigen und mit einem großen Knall auf den Markt bringen. Wie kannst du das machen? Eine Möglichkeit besteht darin, deine Zielgruppe mit Bildern und Videos am Produktionsprozess teilhaben zu lassen. Das steigert die Spannung auf die Erscheinung unheimlich. Vielleicht hast du ja auch bei meinem Buch mitbekommen, wie ich das gemacht habe?

---

**Um ein Produkt erfolgreich zu bewerben, solltest du es mit einem großen Trommelwirbel ankündigen und mit einem großen Knall auf den Markt bringen.**

---

Außerdem solltest du, noch bevor dein Produkt auf den Markt kommt, E-Mail-Adressen von Menschen, die sich dafür interessieren, sammeln. Wie kannst du das machen? Zum Beispiel, indem du diesen Personen etwas Relevantes schenkst, das mit diesem Produkt zu tun hat, oder indem du ihnen einen Bonus versprichst. Das kann so aussehen, dass sie ein Formular ausfüllen müssen, um dann bei dem Release deines Buches einen Gutschein oder ein Bonuskapitel zu bekommen. Vielleicht kannst du ihnen auch im Vorfeld einen Auszug zukommen lassen. Dabei kommt es natürlich darauf an, um was für ein Produkt es sich handelt.

Wenn du dein Produkt herausbringst, solltest du im Vorfeld andere Personen fragen, ob sie dir helfen, dein Produkt zu verbreiten. Damit sind Zielgruppen-Besitz-Partner gemeint. Wer ist also im Besitz deiner Zielgruppe und kann dich dabei unterstützen, dein Produkt zu verbreiten, zu vermarkten und zu verkaufen? Dabei ist es üblich, dass diese Person eine Provision erhält. Bei meinen Produkten sind es sogar Provisionen bis zu 40 Prozent! Das ist in Ordnung, denn immerhin übernehmen diese Personen für dich das Marketing und die Promotion, und sie helfen dir, mehr Verkäufe zu generieren.

**Suche Partner mit der gleichen Zielgruppe, die bereit sind, gegen eine Provision dein Produkt zu vermarkten.**

Wenn dein Produkt dann zu einem bestimmten Termin auf den Markt kommt, solltest du wirklich alle Kanäle nutzen, die dir zur Verfügung stehen, um deine Zielgruppe zu informieren: E-Mail, Facebook, Live-Stream, Offline-Veranstaltungen, und so weiter. Bitte mache nicht den Fehler, den ich in den ersten Jahren gemacht habe: Ich habe meine Zielgruppe nur einmal informiert. Gerade in der heutigen Zeit wird diese eine Informationen – egal, auf welchem Weg du sie verbreitest – nicht alle Menschen erreichen, denn man konsumiert ja nicht nur Calvin Hollywood. Das heißt, dass deine Information an die Zielgruppe schnell untergehen kann. Meine Erfahrung hat gezeigt, dass es oftmals erst der dritte oder vierte Hinweis zum Produkt ist, der die Menschen dazu veranlasst, zu kaufen. Tatsächlich erhalte ich immer wieder Danksagungen für die wiederholte Erinnerung. Die Menschen geben nämlich gerne Geld aus, wenn sie dafür etwas bekommen, das ihr Leben vereinfacht oder ihnen einen Vorteil verschafft.

**Erinnere deine Zielgruppe immer wieder an die bevorstehende Produkt-Neuerscheinung.**

Wenn dein Produkt ein paar Wochen auf dem Markt ist, höre trotzdem nicht auf, es immer und immer wieder zu erwähnen, denn es gibt da draußen nach wie vor jede Menge Menschen, die es nicht kennen. Besonders auf Social Media kommen jede

Woche neue Menschen dazu, die noch nicht wissen, was in der Vergangenheit passiert ist. Aus diesem Grund solltest du regelmäßig erwähnen, was du anzubieten hast – vor allen Dingen dann, wenn dein Produkt anderen Menschen hilft oder ihnen einen Vorteil verschafft.

## Investitionen und Kosten

In der Schule hat mir nie jemand den Umgang mit Geld beigebracht, obwohl es diesbezüglich sehr viel zu lernen gibt. Eine Sache, von der ich mir gewünscht hätte, sie damals zu lernen, ist der Unterschied zwischen Investitionen und Kosten. Das ist nämlich etwas, das mich gerade in den letzten zehn bis 20 Jahren extrem vorangebracht hat, und das ich dir jetzt etwas genauer erklären möchte. Und da ich das Ganze recht einfach halte, möchte ich jetzt mal alle BWL-Experten bitten, ein Auge zuzudrücken.

Bei jeder größeren Ausgabe, die ich tätige, frage ich mich immer, ob es sich dabei um eine Investition oder um Kosten handelt. Was ist aber der konkrete Unterschied? Bei einer Investition hast du langfristig etwas davon, während es sich bei Kosten meistens nur um einen temporären Genuss handelt. Ich möchte dir das anhand von ein paar Beispielen aufzeigen.

---

**Von einer Investition hast du langfristig etwas, während Kosten nur ein temporärer Genuss sind.**

---

Ich bin leidenschaftlicher Zocker und kaufe mir immer wieder mal ein neues Playstation-Spiel. Hierbei handelt es sich um Kosten – oder genauer gesagt, handelt es sich um doppelte Kosten, denn es kostet mich zunächst Geld, um das Spiel zu kaufen, und anschließend auch noch Zeit, um es zu spielen. Was bekomme ich als Gegenleistung? Einfach nur temporären Spaß, der mir langfristig überhaupt nichts bringt.

Auch wenn es für den ein oder anderen etwas hart klingt, aber so denke ich auch über einen Urlaub. Hier ist zwar der Vorteil, dass man danach wahrscheinlich noch Bilder, Videos und tolle Erinnerungen hat, aber dennoch verbuche ich einen Urlaub als Kosten – oder vielleicht in Ausnahmefällen als eine sehr kurzfristige Investition in mich selbst.

Nehmen wir jetzt aber mal ein klassisches Beispiel einer Investition. Wenn ich mir zum Beispiel ein Buch kaufe, mit dem ich etwas lernen kann, dann ist das für mich ganz klar eine Ausgabe, von der ich langfristig etwas habe, und mit deren Gegenleistung ich mein Leben verbessern kann. Und da mir diese Ausgabe dauerhaft Nutzen bringt, ist es für mich eine klare Investition. Aus diesem Grund zähle ich das Thema Weiterbildung als die eigentlich bestmögliche Investition.

---

**Weiterbildung ist die beste Investition, die du tätigen kannst.**

---

Aber ich habe noch ein anderes Beispiel: Ich kaufe mir einen neuen Computer. Dabei handelt es sich für mich ebenfalls um eine Investition, da ich mit diesem Computer dauerhaft arbeite und der Computer dafür sorgen kann, dass ich mit ihm Geld verdiene. Dieser Computer ist vielleicht auch deutlich schneller als das alte Gerät und dadurch kann ich jede Menge Zeit sparen.

Ich kann dir nicht vorgeben, was für dich Kosten oder Investitionen sind. Aber du solltest dich vor größeren Ausgaben immer fragen, ob du davon dauerhaft etwas hast. Wenn du diese Frage mit einem Ja beantworten kannst, dann ist es wahrscheinlich eine Investition.

Zu guter Letzt will ich aber noch bemerken, dass ich nach wie vor regelmäßig in den Urlaub fahre und mir auch regelmäßig das ein oder andere Playstation-Spiel kaufe. Also, ich nehme einige Kosten für den temporären Genuss sehr gerne in Kauf. Aber: Mir ist es bewusst. Und darum geht es, denn würde ich immer nur nach Investitionen gehen, dürfte ich nämlich gar nicht mehr verreisen oder ins Kino gehen, sodass mir einige schöne, temporäre Momente entgehen würden.

Es geht also überhaupt nicht darum, immer nur zu investieren und niemals Kosten zu haben – es geht einfach nur darum, bewusst Investitionen zu tätigen und seine Kosten zu kennen.

## Die Macht der Vereinfachung

In seinem Buch »Anleitung zur Unzufriedenheit« erklärt Barry Schwartz, dass wir unzufriedener werden, je mehr Auswahl uns bei Kaufentscheidungen zur Verfügung stehen. Ich glaube sogar, dass dann viele Entscheidungen erst gar nicht getroffen werden. Das Problem ist, dass die Informationslage sehr komplex wird, wenn es zu viele Auswahlmöglichkeiten gibt. Dadurch fällt es den Menschen schwer abzuwägen, welches Produkt besser zu ihnen und ihren Bedürfnissen passt. Und da Denken extrem viel Energie verbraucht, fällt das Kauferlebnis für den Kunden negativ aus. Außerdem besteht die Gefahr für den Kunden, dass er sich für das vermeintlich falsche Produkt entscheidet, und so entscheidet er sich dann vielleicht gar nicht.

Aus diesem Grund ist mein Tipp: Halte die Dinge einfach – und zwar so einfach, dass sie auch ein Zwölfjähriger verstehen könnte. Frage dich vor allem: Was kann ich weglassen?

Ich möchte dir im Folgenden einige praktische Tipps geben, wie man Informationen, Botschaften und das Produktportfolio so vereinfachen kann, dass sie wirklich jeder versteht:

1. Wähle eine Sprache, die jeder versteht und verzichte auf Fremdwörter.
2. Setze auf Stories (Facts tell, stories sell).
3. Erwähne nur die Top-Argumente deiner Produkte und Dienstleistungen. Alle anderen Argumente erwähnst du nur, wenn ausdrücklich danach gefragt wird.
4. Vereinfache alle deine Webauftritte, damit man in weniger als fünf Sekunden sieht, was du anbietest.
5. Rede weniger, frage mehr! Gib nur die Informationen preis, die dein Gegenüber auf einmal verarbeiten kann.
6. Frage immer wieder Personen nach ihrer Meinung, die überhaupt nichts mit deiner Dienstleistung zu tun haben. Wenn diese Personen sofort verstehen, worum es geht, hast du alles richtig gemacht.

Es gab auch in unserem Unternehmen Zeiten, in denen wir dachten, wir müssten sehr viele Informationen liefern und eine riesige Auswahl an Produkten anbieten, um einen größeren Umsatz zu erzielen. Aber dann haben wir die Dinge vereinfacht: Wir haben viele Produkte herausgenommen und uns auf wenige konzentriert – und es hat funktioniert.

## Raus aus dem Massenmarkt

Zu Beginn meines Lebens als Calvin Hollywood gehörte ich mit dem, was ich tat, zum Mainstream. Und mein Ziel war es eigentlich auch immer, nicht aufzufallen. Ich habe meistens das getan, was andere gemacht haben, und das war damals auch gut so. Mit dem Beginn der digitalen Fotografie und der Bildbearbeitung, welche ich 2005 für mich entdeckt habe, bekam ich zum ersten Mal die Möglichkeit, kreativ zu werden. Allerdings war das nie wirklich geplant, denn ich habe damals einen Fehler gemacht, der sich im Nachhinein als meine wertvollste Erfahrung in diesem Zusammenhang herausstellte.

Was war damals passiert? Ich habe meine Bilder mit Photoshop bearbeitet, ohne mir vorher anzuschauen, wie man das eigentlich macht. Das hat dazu geführt, dass manche Menschen verwundert waren und wissen wollten, wie ich es gemacht habe. Es gab aber noch viel mehr Leute, die mir dann mitgeteilt haben, dass das, was ich mache, überhaupt nicht gut sei und es quasi eine Art Schlag ins Gesicht für die Welt der Fotografie wäre.

Ich habe damals gegen ein Zitat verstoßen, welches ich heute gerne anderen Menschen mit auf den Weg gebe. Es lautet:

**»Lerne die Regeln wie ein Profi, damit du sie brechen kannst wie ein Künstler.« – *Pablo Picasso***

Erst als ich Ende 2006 von Adobe (dem Hersteller von Photoshop) und anderen Firmen gebucht wurde, um in verschiedenen Unternehmen Seminare über Photoshop zu halten, habe ich mir die Grundlagen angeeignet. Denn auf diesen Seminaren wollte keiner meinen Calvin-Hollywood-Stil kennenlernen, sondern die Grundlagen verstehen. Also musste ich mir diese selbst beibringen, um sie dann anderen vermitteln zu können. Und als ich die Regeln und Grundlagen kannte, konnte ich mich später noch besser darauf konzentrieren, sie zu brechen. Damit startete ich so durch, wie es noch keinem anderen in der Szene bisher gelungen war. Während meine Kollegen Probleme hatten, bei ihren Workshops auch nur auf zehn Teilnehmer zu kommen, gab ich bereits Seminare und Workshops für bis zu 300 Personen.

Wenn du auffallen willst und aus dem Massenmarkt ausbrechen möchtest, dann mache die Dinge anders. Sei dir allerdings bewusst, dass du viel Gegenwind bekommen wirst. Genau aus diesem Grund empfehle ich dir, das genau dann zu tun, wenn du schon etwas fortgeschrittener bist. Dann wirst du in der Lage sein, mit diesem Gegenwind umgehen zu können.

**Wenn du aus der Masse herausstechen willst, musst du mit den Regeln brechen. Dafür musst du die Regeln aber erst lernen!**

Wir leben in einer Zeit, in der sich in wenigen Jahren, ja, teilweise in wenigen Monaten etwas ändert. So solltest du auch deine Formate ständig ändern. Dabei geht es nicht darum, die Branche zu wechseln oder deine Leistung und Produkte komplett umzustrukturieren, aber du solltest das Format anpassen, genauso wie die Art und Weise, wie du deine Produkte den Menschen zugänglich machst. Du solltest also in der heutigen Zeit deine Inhalte nicht mehr auf einem CD-Rohling anbieten. Überlege stattdessen einfach mal, wie du deine Produkte besser verbreiten kannst. Vielleicht besteht auch hier die Möglichkeit, es anders zu machen, als man es machen sollte. Sei deiner Zeit einfach ein paar Schritte voraus. Sei mutig – und vor allem, sei kreativ!

Eines meiner wichtigsten Learnings ist dieses: Du brauchst nicht alle zu begeistern – das wirst du eh nicht schaffen! Fokussiere dich statt auf die breite Masse lieber auf wenige Menschen, und das dafür umso intensiver. Vertraue mir, bei allem, was ich getan habe und was mich zu einem großen Erfolg geführt hat, bekam ich immer einen unglaublichen Gegenwind. Und weißt du, was? Genau die Menschen, die am Anfang am lautesten schreien und dich als Erste auslachen, sind später oft deine treuesten Fans und Kunden. Das liegt daran, dass diese Menschen mit der Zeit immer mehr in einen persönlichen Kontakt mit dir kommen. Und darum geht es doch: um eine persönliche Bindung. Das erreichst du nicht, indem du dir vornimmst, es allen recht zu machen. Fokussiere dich lieber auf die Menschen, die bereit sind, Zeit und Geld in dich zu investieren.

## Warum du gratis arbeiten solltest

2006 begann ich, Seminare und Workshops zu geben, und ich erinnere mich noch an einen damaligen Dialog in einer Foto-Community. Ein Kollege hatte mich verbal angegriffen und war extrem sauer, weil ich viele Inhalte meiner Workshops gratis im Internet geteilt habe. Das wäre auf keinen Fall gut für den Markt, es würde mir alles kaputt machen und ich würde mir damit selbst ins Knie schießen, behauptete er.

Was ich ihm damals versucht habe, zu erklären, lässt sich in einem Satz zusammenfassen:

**Je mehr du den Menschen gratis gibst, desto mehr Geld geben sie für dich aus.**

Diesen Tipp darfst du durchaus etwas skeptisch betrachten und ihn auch, je nachdem, in welcher Branche du tätig bist, gerne etwas abwandeln. Aber eines ist doch klar: Niemand kauft gerne die Katze im Sack.

Ich habe in den letzten zwölf Jahren über 300 Menschen gratis fotografiert. Dennoch werde ich immer wieder als Fotograf gebucht. Auf meinen ganzen Social-Media-Plattformen gibt es über 2.000 kostenlose Videos mit Erklärungen und Know-how. Dennoch sind meine Workshops in den letzten zwölf Jahren zu 97 Prozent ausgebucht. Wie kann das sein?

Wenn du die Menschen mit dem, was du zeigst, begeistern kannst, sind sie auch bereit, viel Geld in dich und deine Produkte zu investieren. Ganz wichtig ist es, dass du entscheidest, für wen du gratis arbeitest beziehungsweise was du gratis herausgibst. Oftmals ist es nämlich so, dass jemand zu dir kommt und etwas von dir haben will – und das am liebsten umsonst. Meiner Erfahrung nach sind das meistens die Situationen, in denen es am wenigsten Sinn macht, gratis zu arbeiten. Wenn du etwas gratis herausgeben willst, dann solltest du selbst entscheiden, wann und in welcher Situation das passieren soll. Du musst wissen, was du deinen potenziellen Kunden als Leistung präsentieren möchtest.

---

**Begeistere die Menschen, indem du ihnen gratis zeigst, was du kannst.**

---

Ich möchte dir erklären, wie ich das damals gemacht habe. Meistens habe ich mir ein Portfolio mit Gratis-Arbeiten aufgebaut, um zu zeigen, was ich anbieten kann, und wofür ich bezahlt werden möchte. Als Fotograf gab es mal einen Punkt, an dem ich in die inszenierte Sportfotografie einsteigen wollte. Also habe ich mehrere Vereine kontaktiert und ihnen ein Angebot gemacht. Das habe ich präsentiert, indem ich sagte, »Normalerweise kostet meine Dienstleistung 1.000 Euro pro Tag, aber ich würde für euch gratis fotografieren. Dafür möchte ich am Ende lediglich die Bildrechte haben, um diese Arbeiten zeigen zu dürfen.« Damals habe ich dann ein paar Baseballer und Bowlingspieler sowie einen Kletterer fotografiert. Und als ich sie fotografiert habe, habe ich mir in meinem Kopf immer vorgestellt, dass es ein echter Job ist. Also habe ich diesen Job so gestaltet, wie ich später auch gebuchte und bezahlte Aufträge gestalten würde. So habe ich dann gratis fotografiert, die Bilder gratis bearbeitet und sie anschließend auf meiner Website veröffentlicht. Und es hat funktioniert! Es kamen plötzlich Anfragen von anderen Sportlern und anderen

Vereinen, die mir mitteilten, dass sie genau solche Bilder gerne hätten. Dann habe ich angefangen, dafür Geld zu verlangen.

Mit diesem Bild habe ich zwar keinen Cent verdient, aber viele neue Jobs an Land gezogen.

Genauso habe ich es auch bei meiner Tätigkeit als Coach und Trainer gemacht. Ich habe unzählige Tipps gegeben, Gratis-Videos hochgeladen und einen Podcast gehabt, was den Bedarf für Seminare und Workshops generiert hat. Das heißt, die Menschen bekamen etwas kostenlos und waren im Anschluss bereit, Geld dafür auszugeben.

Hab keine Angst davor, den Menschen etwas zu schenken. Denn wenn du gut bist und dein Wissen wertvoll für sie ist, werden sie langfristig bereit sein, Geld in dich und deine Produkte zu investieren.

## Upsell und Zusatzangebot

Du kennst sicher die folgende Situation: Du stehst irgendwo am Tresen und wartest auf das Essen, das du gerade bestellt hast. Als man es dir bringt, wirst du gefragt, ob du nicht noch ein Getränk dazu möchtest. Oder vielleicht darf es auch noch ein Kaffee oder ein Espresso danach sein? Klar, wenn du schon einmal etwas gekauft hast, liegt es sehr nahe, dass du noch einmal kaufst. Und dieses Prinzip nennt man Upsell beziehungsweise Zusatzverkauf. Du kannst das in vielen Branchen beobachten. Warum? Weil es funktioniert! Machst du das mit deiner Leistung und mit deinen Produkten auch?

Ich muss zugeben – ich hatte da zu Beginn meistens ein schlechtes Gewissen. Nachdem ich es dann aber ein paar Mal getestet habe und die Personen sich meistens sogar darüber gefreut haben, wurde der Upsell beziehungsweise der Zusatzverkauf zu einem Teil meiner Leistungen. Wichtig ist, dass du etwas hast, das du noch zusätzlich anbieten kannst. Und darüber solltest du dir zuerst Gedanken machen.

Was kann zum Beispiel ein Hochzeitsfotograf denn noch anbieten? Zweimal werden die meisten Personen wahrscheinlich nicht heiraten. Aus diesem Grund kann es durchaus sinnvoll sein, dass du eine weitere Leistung anbietest, welche gar nicht von dir selbst ist. Was wäre denn, wenn der Hochzeitsfotograf, der gebucht wurde, direkt noch einen Catering-Service empfiehlt? Wenn mit dem Catering-Service im Vorfeld eine kleine Provision vereinbart wurde, ist das dann eine Win-Win-Win-Situation: Alle drei haben etwas davon.

**Suche bewusst nach Möglichkeiten für Upsells.**

Ich finde es viel schwieriger, Menschen etwas anzubieten, die einem fremd sind – Stichwort »Kaltakquise«. Für mich ist es deutlich einfacher, jemandem etwas anzubieten, der meine Leistung bereits in Anspruch genommen hat und damit sehr zufrieden war. Und dafür bietet sich der Upsell einfach an.

Eine weitere Frage, die du dir stellen solltest, ist: Was ist deine teuerste Leistung oder dein teuerstes Produkt? Nehmen wir mal an, es liegt bei 1.000 Euro. Was ist nun aber mit all den Menschen, für die 1.000 Euro nicht wirklich viel Geld ist? Willst du diesen Personen nicht die Möglichkeit geben, mehr zu investieren und dafür mehr zu bekommen? In der Vergangenheit habe ich gelernt, dass die Value Ladder nicht so schnell aufhören darf. So habe ich dann auch angefangen, inoffiziell Produkte und Leistungen anzubieten, welche sehr hochpreisig waren und auch individuell auf mein Gegenüber zugeschnitten sind. Diese Zusatzleistungen in Form von zusätzlichen, hochpreisigen Produkten, wurden tatsächlich gekauft. Damals, vor vielen Jahren, war das für mich noch überraschend.

**Gib den Menschen die Möglichkeit, mehr zu investieren.**

Wenn ich zum Beispiel ein Event plane, bei dem der Ticketpreis bei 50 Euro pro Person liegt, und ich ein paar Menschen auch die Möglichkeit geben möchte, 150 Euro zu investieren, dann plane ich einfach noch ein Ticket mit einer Zusatzleistung, nenne es VIP und biete es zu einem höheren Preis an.

Und jetzt rate mal, was in der Vergangenheit passiert ist: Die meisten kaufen sich ein VIP-Ticket! Das war für mich die Lehre, dass Menschen gerne Geld ausgeben, wenn sie überzeugt sind, davon etwas zu haben. Obwohl es selbstverständlich sein sollte, möchte ich an dieser Stelle nochmal ganz klar erwähnen, dass in dieser Zusatzleistung beziehungsweise in diesem VIP-Paket auch mehr Inhalt und mehr Leistung vorhanden sein sollten. Eine reine preisliche Erhöhung ohne deutlichen Mehrwert würde an dieser Stelle nicht funktionieren, und das würde ich dir auch auf keinen Fall empfehlen.

Wenn jemand bei dir investieren möchte oder schon investiert hat, ist er überzeugt von dir und deinem Produkt. Also mache weiter! Es wird schließlich niemand gezwungen. Aber du wirst überrascht sein, was mit dem Upsell oder dem Zusatzangebot alles möglich ist!

## Über Geld spricht man nicht

Ist dir schon mal aufgefallen, dass man weder in der Schule noch im Privatleben oder im Beruf gerne über Geld spricht? Ich frage mich dabei, ob das Thema wirklich so unwichtig ist. Spielt Geld wirklich eine so kleine Rolle im Leben, dass man nicht darüber reden sollte? Das glaube ich kaum! Geld begleitet uns unser ganzes Leben lang und bestimmt darüber, wie wir leben.

Die Frage, die man sich häufig stellt, ist: Macht Geld glücklich? Wenn ich diese Frage beantworten müsste, würde ich sagen: vielleicht. Auf jeden Fall bringt Geld aber jede Menge Freiheit.

Seit ich mit ausgewählten Menschen über Geld spreche, habe ich viel dazugelernt. Und das hat nicht nur dafür gesorgt, dass ich jetzt mehr verdiene, sondern auch dafür, dass ich jetzt mehr sparen kann. Ich bin wirklich ein Typ, der nie große Lust hatte, sich mit Geld zu befassen. Auch heute noch mache ich nur das Nötigste. Aber genau das möchte ich dir empfehlen: eine gewisse Art und Weise der Grundausbildung bezüglich des Umgangs mit Geld. Und besonders, wenn du es nie gelernt hast, solltest du dich damit befassen.

---

**Lerne, über Geld zu sprechen und du wirst mehr verdienen.**

---

Da ich kein Finanzexperte bin, will ich mich jetzt mit diesen Ratschlägen auch etwas zurückhalten. Aber auf keinen Fall will ich dieses Kapitel beenden, ohne dir nicht wenigstens meine fünf besten Tipps zum Thema Geld mitzugeben. Dabei handelt es sich vielleicht um grundlegende Tipps oder solche, die du an dieser Stelle nicht erwarten würdest. Aber bedenke, dass es wirklich meine fünf grundlegenden Ratschläge sind. Ich lege dir nahe, darüber nachzudenken, ob du sie bereits nutzt oder umsetzt.

- Schau, dass du immer eine ordentliche Summe Geld bei dir hast – gerne ein paar Hundert Euro. So entwickelst du ein Gefühl dafür und überwindest die Angst, es zu verlieren. Denn zumindest mir ging es so, dass ich gerade zu Beginn – als ich anfing, immer etwas mehr Geld bei mir zu haben – immer Angst hatte, dieses zu verlieren. Aber ganz ehrlich: Das ist doch überhaupt keine gute Einstellung. Wenn man das Geld eigentlich vermehren will, sollte man nicht ständig das Gefühl haben, es würde verlorengehen. Ich habe dank dieser Methode ein etwas besseres Gefühl entwickelt, sodass ich keine Angst mehr habe, es könnte mir abhanden kommen.

- Gehe nicht immer nur von dir aus. Nur weil du eventuell noch nicht so viel Geld hast, heißt das nicht, dass andere nicht bereit sind, viel Geld auszugeben. Gerade wenn du mit deinem Produkt oder deiner Leistung viel Geld verdienen willst, solltest du darauf achten, dass du dich in einem Umfeld aufhältst, in dem sich Menschen befinden, die etwas mehr verdienen.
- Wenn du mehr verdienen möchtest, investiere mehr, denn von alleine wird sich dein Geld nicht vermehren. Das ist auch etwas, das ich erst lernen musste. Und dann habe ich angefangen, in größere Räumlichkeiten und mehr Mitarbeiter zu investieren. Zwar hast du dadurch zunächst weniger Geld, die Investition wird aber langfristig dafür sorgen, dass du mehr Geld verdienst.
- Wenn du viel Geld behalten willst, lege auch einiges beiseite und verringere deine Ausgaben. Viele Menschen denken immer wieder darüber nach, wie sie mehr verdienen können, anstatt einfach ihre Ausgaben zu senken. Setze dir einmal im Monat einen Alarm, um dich daran zu erinnern, zu überprüfen, wie du deine Ausgaben verringern kannst, um mehr Geld beiseite zu legen.
- Spiele verschiedene Spiele zum Umgang mit Geld. Vielleicht kennst du Monopoly? Aber es gibt inzwischen noch mehr Spiele, bei denen du ein Gespür für den Umgang mit Geld entwickelst. Das hat sowohl mir als auch meinen Kindern dabei geholfen, uns darin zu verbessern.

Ich weiß, diese Tipps wirken zum Teil sehr einfach. Aber denke mal darüber nach, ob du sie auch wirklich umsetzt – selbst, wenn der ein oder andere noch etwas befremdlich auf dich wirkt.

Ich selbst möchte übrigens sehr viel Geld verdienen, um dann später noch mehr Menschen helfen zu können. Denn wer viel verdient, kann andere besser unterstützen und viel mehr Positives auf diesem Planeten erreichen.

---

**Wer viel verdient, kann anderen besser helfen und mehr Positives auf diesem Planeten erreichen.**

---

Übrigens ist es auch vollkommen in Ordnung, wenn du nur Geld verdienen möchtest, um es dann in Luxusartikel zu investieren. Eine Sache möchte ich aber noch loswerden: Geld sollte und darf niemals an erster Stelle stehen. Die Familie, die Gesundheit und dein privates Glück sind viel, viel wichtiger. Es bringt dir überhaupt nichts, wenn du deine Gesundheit für Geld opferst, um dann vielleicht viele Jahre später all das Geld wieder einsetzen zu müssen, um eine bessere Gesundheit zu erlangen. Denke mal darüber nach!

---

**Die Familie, die Gesundheit und dein privates Glück sind viel wichtiger als Geld.**

---

## Preisverhandlung

Ich bin ja nach wie vor noch sehr aktiv im Internet unterwegs, schaue mir andere Websites und Social-Media-Kanäle an und stolpere so mehrmals pro Woche über extrem gute Leistungen anderer zu erschreckend günstigen Preisen. Damit meine ich: deutlich unter ihrem Wert. Woran liegt das? Naja, das liegt vor allem daran, dass ganz viele Leute da draußen überhaupt keine Ahnung von den Themen *Preisfindung, Preisverhandlung und Preisgestaltung* haben. Das soll jetzt auch kein Schwerpunkt des Buches werden, aber wenn du dich wirtschaftlich entwickeln willst, musst du in diesem Bereich einfach fit sein. Deshalb möchte ich dir nun ein paar Erfahrungen und Tipps dazu mit auf den Weg geben:

- Für jede Preisklasse gibt es eine Zielgruppe. Denke auf keinen Fall, »Das zahlt doch eh keiner!« Wenn jemand den von dir angesetzten Betrag nicht zahlen möchte, gehört er entweder nicht zur Zielgruppe, oder er hat noch nicht verstanden, was er davon hat.
- Wenn du deine Leistung erklärst, erwähne immer die Vorteile, die dein Gegenüber davon hat. Jemandem, der in den Baumarkt geht und einen Bohrer kauft, geht es nicht darum, einen Bohrer zu besitzen, sondern darum, Löcher in der Wand zu haben, an denen er etwas befestigen kann. Du solltest dich immer fragen, welcher Nutzen und welcher Vorteil hinter dem Produkt steckt, das du anbietest. Die Eigenschaften und die Merkmale des Produktes kannst du dann immer noch auf Anfrage erklären.

- Ein Einwand à la »Ich kenne da jemanden, der ist günstiger« oder »Das ist mir zu teuer!« ist kein Angriff. Reagiere auf keinen Fall sauer, wenn jemand darauf verweist, dass er eine ähnliche Leistung oder ein ähnliches Produkt woanders günstiger bekommt. Du musst dir klar machen, dass die Person auch »Nein, danke« hätte antworten können – hat sie aber nicht! Und somit sehe ich diesen Einwand stets als Hilferuf nach dem Motto, »Ich habe noch nicht verstanden, was sich hinter der Leistung verbirgt. Also gib mir bitte weitere Informationen.« Und das ist dann der Moment, in dem du deine Argumente am besten platzieren kannst. Hier hast du die Möglichkeit, herauszuheben, was dein Produkt oder deine Leistung besonders macht und dadurch den Preis rechtfertigt.
- Lass nicht locker und gib nicht gleich auf, wenn du eine Absage bekommst. Ich habe die Erfahrung gemacht, dass sich die Kunden geehrt fühlen, wenn du an ihnen dranbleibst und um sie kämpfst. Das ist auch keine Niederlage – das ist eine Stärke! Denke doch einmal darüber nach: Wie viele haben von ihrem heutigen Partner zuerst ein Absage bekommen, sind aber drangeblieben? Ich kann dir hier keine Regel vorgeben, wie lange du dranbleiben solltest. Aber du solltest definitiv nicht sofort bei der ersten Absage aufgeben.
- Was du bei jeder Preisverhandlung berücksichtigen solltest, ist die Tatsache, dass dir die Hälfte davon nicht gehört. Wenn du beispielsweise für eine Leistung 100 Euro bekommst, dann empfehle ich dir, 50 Euro zur Seite zu legen. Ich habe das in meinen ersten Jahren nicht gemacht, was sich später als sehr großer Fehler herausgestellt hat,

denn: Früher oder später kommt der Staat oder das Finanzamt und möchte seinen Teil. Und wenn du die Hälfte beiseite legst, kannst du überhaupt nichts falsch machen.

- Über deine Außenwirkung kannst du dich im Vorfeld schon so gut positionieren, dass sich viele Kunden gar nicht mehr trauen, nach einem Rabatt zu fragen oder Einwände zu bringen. Daher solltest du an deinem Ruf und an deiner Positionierung arbeiten. Dadurch wirst du später weniger Einwände haben und definitiv mehr verdienen. Wenn du dich also mit einem Kunden triffst, achte unbedingt auf deine Kleidung und die passende Location. Diese ist entscheidend dafür, wie dich der Kunde wahrnimmt. Zu meinen Anfangszeiten, als ich noch kein großes Studio hatte, habe ich mich immer in einem noblen Restaurant mit meinen Kunden getroffen. Ich weiß, dass es sehr oberflächlich ist, andere nach ihrer Kleidung, dem Auto oder der Location zu beurteilen, aber leider ticken wir Menschen so.
- Wenn jemand nach einem Rabatt fragt, solltest du auf keinen Fall gleich zusagen. Stattdessen kannst du ihr oder ihm erklären, dass ein geringerer Preis auch automatisch zu einer geringeren Leistung deinerseits führt. Das ist ganz einfach! Alternativ kannst du die Person auch fragen, warum du einen Rabatt gewähren solltest. Wenn dann das Argument des Gegenübers dir etwas bringt, kannst du gerne über einen Rabatt nachdenken. Aber gib nicht ohne Grund und nur, weil jemand gefragt hat, einen Nachlass.

An dieser Stelle möchte ich dir noch zusätzlich eine Lektüre empfehlen, die ich vor einigen Jahren gelesen habe und die mich sowohl wirtschaftlich als auch persönlich extrem weitergebracht hat. Im Buch »Deal« von Jack Nasher findest du alle Tipps zum Thema Preisverhandlung und Preisgestaltung sehr gut auf den Punkt gebracht. Solltest du in diesem Bereich also noch nicht so fit sein, dann hole dir dieses Buch unbedingt!

# 9

# Heftige Rückschläge

Wie du dir denken kannst, läuft es natürlich nicht immer rund. Du kannst dich noch so sehr an den Tipps der Coaches orientieren, es ist völlig normal, dass man Fehler macht. Man kann ja nicht alles im Hinterkopf behalten und alles vorhersehen. Fehler und Rückschläge gehören einfach dazu und sie machen uns stark.

Ich möchte dir im Folgenden einen Einblick in meine drei heftigsten Rückschläge geben, die mich sowohl emotional als auch wirtschaftlich erwischt haben, und bei denen ich jeweils gedacht habe: Das war's jetzt, an dieser Stelle ist Game Over. Ich versuche auch, das ein oder andere Learning mit hineinzubringen und so manche Erfahrung, genauso wie ich mit der Situation umgegangen bin und wie ich sie damals betrachtet habe.

Ich hoffe für dich persönlich, dass du niemals solche Rückschläge haben wirst. Falls so etwas aber mal passieren sollte, denke bitte an den unfairen Vorteil, der sich für dich daraus ergibt, und kämpfe dich wieder zurück. Es ist eine Prüfung, die es zu meistern gilt. Und wenn du sie gemeistert hast, bist du stärker als je zuvor.

Jetzt werde ich mit offenen Karten spielen und dir einige Einblicke geben, in der Hoffnung, dass ich dir damit ein bisschen Mut machen kann. Ich möchte dir auch etwas Inspiration mit auf den Weg geben, aber immer mit dem Gedanken im Hintergrund, dass es dir hoffentlich nicht passieren wird.

## Muskelkrebs

Mein erster heftige Rückschlag ereignete sich noch vor der Karriere als Calvin Hollywood. Es war 2001 und ich war damals etwa ein oder zwei Jahre bei der Bundeswehr. Irgendwann habe ich bemerkt, dass ich zwischen meinem Schulter- und Halsbereich eine Verhärtung hatte. Ich bin zum Arzt gegangen und er meinte, es sei völlig normal und käme vom vielen Rucksacktragen.

Die Verhärtung wurde aber immer größer, sodass ich nochmal zu einem anderen Arzt gegangen bin. Er veranlasste, es operativ zu entfernen. Ich war ein oder zwei Tage im Krankenhaus. Anschließend wurde die Verhärtung untersucht. Ich war schon bereit, wieder nach Hause zu gehen, denn man hatte mir gesagt, dass es wahrscheinlich nur eine simple Verknotung wäre und ich mir keine Sorgen machen solle.

Als der Arzt dann hereinkam, sah ich schon am Blick, dass etwas nicht stimmte. Er fragte mich zunächst, ob ich Freunde oder Familie hätte, die mir nahe stünden. Das hat sich schon ganz komisch angehört. Ich erzählte ihm von meiner Familie und meiner Freundin. Schließlich fragte ich ihn, worum es denn ginge, und er antwortete, dass ich ein Weichteilsarkom hatte.

Ich wusste damals nicht, was ein Weichteilsarkom ist. Er erklärte mir, dass es eine seltene Art eines Tumors beziehungsweise von Muskelkrebs sei, die man bei mir festgestellt hatte. Mein erster Gedanke war: »Wie jetzt? Ich bin doch jung und ernähre mich gesund – ich kann doch keinen Krebs haben!« Ich hatte ja keine Ahnung von Krebs.

Um die Sache etwas abzukürzen: Es war tatsächlich ein bösartiger Tumor, an dem sogar einst eine meiner Omas verstorben war. Das war mir aber als Kind nicht bewusst. Die Chancen bei mir waren folgende: Zwar konnte man den Tumor noch großflächiger entfernen, danach bestand aber nur eine 50-prozentige Chance, dass ich meine Schulter weiterhin würde bewegen können. Außerdem würde auch eine Chemotherapie und so weiter auf mich zukommen.

Mir ist damals die Kinnlade auf den Boden gefallen. Genau in diesem Moment hat sich mein komplettes Leben verändert. Alles, was vorher wichtig war, war plötzlich egal, und der Fokus lag komplett auf meiner Gesundheit. Man muss es sich so vorstellen: Ich sitze da also in meinem Zimmer, bin topfit, fühle null Einschränkungen, und dann sagt mir jemand, dass die Chance einer Chemotherapie und einer großen Beeinträchtigung meiner Armbeweglichkeit bei 50 Prozent liegt. Das war damals für den jungen Calvin, der Basketballprofi werden wollte, ein richtiger Schlag ins Gesicht.

Jetzt kommt mein Learning dazu: Ich kann mich erinnern, dass es kurz vor der großen Operation war, die am Folgetag stattfinden und darüber entscheiden sollte, wie es weiterginge. Ich lag also in meinem Bett, war total nervös und schaute an die Zimmerecke. Damals hingen dort noch diese kleinen Röhrenfernseher mit den billigen Kopfhörern, für deren Gebrauch man bezahlen musste. Ich schaute die Nachrichten und hörte von einer Story, die für mich in diesem Moment alles veränderte.

In dem Bericht ging es um eine Frau, die beim Rückwärtsausparken aus ihrer Garage ihr eigenes Kind überfuhr. In diesem

Moment hatte ich eine Erkenntnis, die lautete: Calvin, du hast nicht das Recht, traurig zu sein. Selbst wenn du eine Chemotherapie bekommst und die Funktion deiner Schulter verlierst – da draußen gibt es eine Frau, die all das gerne auf sich nehmen würde, um ihr Kind zurückzubekommen. Damals wurde mir bewusst, dass es noch viel mehr Menschen gibt mit Problemen, die deutlich schlimmer sind als meine.

In diesem Moment hat sich meine Einstellung komplett geändert. Ich nahm mir vor, das alles viel entspannter zu sehen. Mir ging es gut, und ich sollte dankbar sein, dass ich höchstens meine Schulterfunktion verlieren würde. Das war ein absoluter Shift des Mindsets.

So heftig diese Story klingen mag, behalte sie bitte trotzdem im Hinterkopf und denke darüber nach, wenn dir das nächste Mal irgendein Mist passiert. Erinnere dich an die Frau mit dem Kind.

Der Tumor wurde übrigens großflächig entfernt und alles lief gut. Ich habe die Beweglichkeit meiner Schulter nicht verloren. Anschließend musste ich noch jahrelang Untersuchungen durchführen lassen, aber heute, viele Jahre später, ist alles gut. Geblieben ist nur eine sehr große Narbe in meinem Schulterbereich.

Rückwirkend würde ich behaupten, dass es für mich die wertvollste und allergrößte Erfahrung meines Lebens war. Ich bin so dankbar für diese Krankheit und diesen Rückschlag. Wie bereits erwähnt, habe ich mir anschließend das Wort Krankheit auf den Arm tätowieren lassen. Jedes Mal, wenn mir heute etwas Schlimmes passiert, schaue ich auf meinen Arm, denke zurück an die Krankheit und an die Frau, und ich weiß dann: Mir geht es eigentlich verdammt gut!

## Finanzamt

Meinen zweiten großen Rückschlag nach dem bösartigen Tumor bezeichne ich gerne als den »Finanzamt-Rückschlag«. Wir gehen jetzt mal zurück zum Wechsel vom zweiten in das dritte Jahr meiner Selbstständigkeit. Alles ging sehr schnell, die Verdienstkurve ging nach oben und ich tappte in eine Falle, in der sich viele Selbstständige wiederfinden: die Rückzahlungs- und Vorauszahlungsfalle.

Ich habe mich nie groß mit Finanzen beschäftigt, und dachte immer, es würde ausreichen, wenn ich 20 Prozent meines Umsatzes beiseite lege. Das ist natürlich Quatsch, denn in der Regel sollte man immer 50 Prozent zur Seite legen, um abgesichert zu sein. Das habe ich aber nicht getan. So kam dann beim Übergang vom zweiten ins dritte Jahr meiner Selbstständigkeit ein Brief vom Finanzamt.

Ich kann mich noch gut erinnern, wie mir meine Frau den Brief kreidebleich übergab – und sie ist Asiatin, sie wird also nur sehr schwer blass. In dem Brief stand, dass ich eine Summe von 40.000 Euro begleichen müsste. Ich lege jetzt die Karten auf den Tisch: Ich hatte damals höchstens 4.000 Euro auf dem Konto.

Im ersten Moment war ich mir sicher, dass es sich um ein Missverständnis handelte. Da war doch sicher eine Null zu viel? Meine Frau hat das aber direkt widerlegt, und wir haben sogar erstmal darüber diskutiert. Leider war kein Fehler passiert und ich hatte diese 40.000 Euro zu begleichen. Zu diesem Zeitpunkt, genau in diesem Moment, war mir vollkommen klar: Calvin, an dieser Stelle ist Game Over, da kommst du nie wieder raus. Ich hatte damals ab und zu einen 2.000-Euro-Job, aber 40.000 Euro? Keine Chance!

Es hat dann etwa 24 Stunden gedauert, in denen ich in Selbstmitleid verfiel. Dann aber schaute ich auf meinen Arm und sah mein Tattoo, das für meine Krankheit steht. Also fragte ich mich: Was passiert denn im schlimmsten Fall, wenn ich das nicht zahlen kann? Gut, dann sind wir bankrott. Ich habe wieder an die Frau aus dem Fernsehen gedacht, die beim Rückwärtsausparken ihr eigenes Kind überfuhr. Wie gerne hätte sie jetzt 40.000 Euro Schulden, wenn sie dafür noch ihr Kind hätte? In diesem Moment entstand wieder dieser Biss, diese Aggressivität, bei der ich mir selbst sagte: Jetzt erst recht!

Leider kann ich dir nicht in Worten beschreiben, wie ich mich damals gefühlt habe – das müsste man zensieren! Aber ich war so sauer auf dieses Finanzamt und habe innerhalb von Minuten beschlossen, es denen zu zeigen, und zu beweisen, aus welchem Holz ich wirklich bin.

Ich kann mich erinnern, dass ich zu meiner Frau ging und sagte: »Schatz, bitte mache dir keine Sorgen. Gib mir eine Woche und lebe weiter wie bisher. In einer Woche ist das Problem erledigt. Vielleicht überweisen wir sogar noch einen Bonus – egal, denen zeige ich es!«

Ich habe mich dann zurückgezogen und mir nur eine Frage gestellt. Wo und womit kann ich den Menschen am meisten helfen? Das waren damals meine Photoshop-Trainings mit dem Namen *Calvinize*. Dann habe ich mir gedacht: »Okay, warum machst du eigentlich nicht ein Best-of-Training, in dem alle Techniken der letzten Jahre enthalten sind?« Ich hatte damals das Bedürfnis, den Menschen da draußen alles kompakt auf den Tisch zu legen – das Beste, was ich jemals gemacht habe. Genau das habe ich dann auch getan.

Die Produktion dieser DVD hat keine drei Tage gedauert. Ich habe direkt angefangen, sie zu verkaufen, und ob du es glaubst oder nicht, ich habe den Betrag relativ schnell eingespielt. Wir haben dann auch noch vereinbart, die Summe in zwei oder drei Raten abzubezahlen, aber ich habe es ohne Probleme geschafft, das Geld zu verdienen. Rückwirkend habe ich mich natürlich gefragt, warum erst das Finanzamt kommen musste, damit ich auf die Idee kam?

Mein Learning ist, dass eine Leistungssteigerung möglich ist, wenn Druck von außen kommt. Diese Art der Leistungssteigerung wäre über eine intrinsische Motivation nicht möglich gewesen. Das ist meiner Meinung nach nur dann machbar, wenn jemand von außen (also eine externe Kraft) kommt und dich mal so richtig auf die Probe stellt.

Das Finanzamt ist übrigens immer noch nicht mein bester Freund, aber ich habe mich inzwischen daran gewöhnt, denn ich habe gelernt, 50 Prozent beiseite zu legen. Das ist auch das, was ich dir gerade in finanziellen Angelegenheiten dringend ans Herz legen will: Dir gehört nur etwa die Hälfte. Mit dieser groben Strategie kannst du im Prinzip nichts falsch machen. Und sage dir bitte auch Folgendes für jede Situation, die dich auf die Probe stellt: Jetzt erst recht!

## Einreiseverbot

Kommen wir nun zu einem Rückschlag, der sehr viel mit meiner Zukunft, meinen Träumen, meinen Plänen und meiner Vision zu tun hatte. Von heute auf morgen wurde das alles komplett zerstört – und wie das Ganze abgelaufen ist, will ich dir jetzt erklären.

Im Jahr 2012 war ich auf dem Weg nach Florida. Es war etwa der vierte oder fünfte Job, den ich in den Staaten hatte. Es ging darum, eine Videoproduktion für meinen Mentor Scott Kelby durchzuführen. Damit wollte ich meine Vision, Träume und Ziele, international durchzustarten, noch mehr festigen. Das war auch gerade die Phase, in der ich den internationalen Markt gerockt habe – es war der Zenit meines globalen Durchbruchs. Nun war ich also eingeladen, in Florida ein weiteres großes Videotraining aufzunehmen. (Nebenbei sorgen diese Videotrainings auch für einen guten Umsatz – wir sprechen hier von etwa 40.000 Dollar, die ich sehr schnell bekommen hätte.)

Auf meinem Weg nach Florida nach vielen Stunden Flug musste ich in Philadelphia umsteigen. Wie immer kam ich dort an die Einreisekontrolle. Als ich gefragt wurde, was ich in den USA mache, habe ich – wie sonst auch immer – die Wahrheit gesagt. Ich erklärte also, dass ich nicht privat und als Urlauber einreise, sondern hier sei, um ein Videotraining aufzunehmen.

Das war natürlich eine geschäftliche Tätigkeit, also wurde ich nach meinem Visum gefragt. Ich habe daraufhin geantwortet, dass ich keines bräuchte, weil ich mit dem ESTA-Programm dort sei. Die Dame sagte mir, sie glaube, das funktioniere nicht. Ich möge doch bitte warten, und es würde jemand kommen, um eine weitere Überprüfung durchzuführen.

Dann kamen zwei Polizisten, haben mich mitgenommen, eine Überprüfung durchgeführt und zu mir gesagt: Hier ist Endstation. Es ist nicht möglich, weiterzureisen, weil ich ein gültiges Arbeitsvisum bräuchte. Ich fragte dann, wo ich es bekäme, und sie meinten eiskalt: in Frankfurt.

Was passierte dann? Hier die Kurzversion: Ich wurde abfotografiert wie ein Schwerverbrecher, habe versucht, meine Daten zu hinterlegen – aber es war überhaupt nicht möglich, weiterzureisen. Stattdessen haben mir die Polizisten einen neuen Flug herausgesucht, der mich zwei Stunden später wieder auf den Weg zurück nach Deutschland führte.

In diesem Moment, als ich in diesem Wartebereich saß, brach für mich eine Welt zusammen. Ich hatte so große Ziele, und diese Videoproduktion war der letzte Feinschliff, um alles zu vollenden. In diesem Moment hieß es, ich dürfe nicht einreisen. Natürlich saß mir der Verlust meines Verdienstes von 40.000 Dollar auch im Nacken, aber primär ging es mir um meine Zukunft.

Die Zeit verging in dem Moment so schnell ... Ich war wie weggetreten. An eine Sache kann ich mich jedoch noch gut erinnern – das ist nämlich so eine Macke, die ich habe: Wenn irgendetwas Schlimmes passiert, dann versuche ich mir immer einen Gegenstand dieser Situation als Erinnerung mitzunehmen. Den trage ich dann so lange mit mir herum, bis ich merke, dass dieser Rückschlag einen Grund hatte und dafür gesorgt hat, dass eigentlich alles besser wird.

Ich habe also vor Ort auf dem Fußboden eine Art Haargummi gefunden und mir dieses instinktiv um das Handgelenk gelegt. Das musst recht unbewusst gewesen sein, denn ich kann mich kaum noch daran erinnern. Dann kamen auch schon die Polizisten und brachten mich wie einen Schwerverbrecher zurück ins Flugzeug. Sie waren die ganze Zeit an meiner Seite und gaben mir auch meinen Pass nicht zurück. Ich hatte nicht einmal die Möglichkeit, etwas essen zu gehen.

Die Polizisten begleiteten mich dann bis ins Flugzeug hinein – was ihnen selbst etwas unangenehm war. Sie meinten: »Stelle dir doch einfach vor, du bist VIP und wir sind deine Bodyguards.« Leider hat das überhaupt nicht funktioniert. Mein Sitznachbar hat sich nach der Ansage »Boarding completed« direkt umgesetzt.

Ich kann mich noch erinnern, dass ich irgendwann zu Hause angekommen bin, und völlig am Boden zerstört und unmotiviert war. Ich landete frühmorgens, mein Handyakku war leer... was für eine Katastrophe! Zudem war es der Tag, an dem der Rest meiner Familie für einen Urlaub nach Laos abgereist war. Wir hatten nämlich vereinbart, dass sie während meiner Abwesenheit für die Videoproduktion einen Urlaub mit den Schwiegereltern machen würden.

Meine Frau bekam einen Schock, weil ich plötzlich vor ihr stand – und ich durfte dann meine Familie in den Urlaub verabschieden. Das war ein wirklich schlimmer Moment. Daraufhin war ich eine Woche völlig fertig, allein zu Hause, und wusste nicht, wie ich damit umgehen sollte.

Wie so oft ist es bei mir dann wie folgt: Ich sammle mich nach einer Weile, und dann kommt die Haltung »Jetzt erst recht!« zutage. Ich nahm mir also Folgendes vor: Liebes Amerika, wenn ihr es also nicht erlaubt, dass ich zu euch kommen darf, um Menschen zu helfen und sie besser und kreativer zu machen, dann mache ich das auf meine eigene Art und Weise. So fing ich also noch direkt in dieser Woche an, meine eigene Plattform für englischsprachige Photoshop-Tutorials zu gründen. Diese Seite hieß damals *Photoshop Freaks*, und ich habe sämtliche Videokurse selbst produziert.

Um das Ganze jetzt etwas zusammenzufassen: Ich habe mit meinen eigenen Trainings viel mehr Geld verdient – und durfte schließlich die Videos auch von zu Hause aus aufnehmen. Das musste ich auch, denn man verhängte mir ein einjähriges Einreiseverbot. Bis heute weiß ich nicht, ob ich überhaupt wieder einreisen darf, denn das Thema ist für mich komplett gestorben. Obwohl es schon viele Jahre her ist, hat es sich für mich erledigt, und ich habe damit inzwischen abgeschlossen.

Stattdessen haben sich viele neue Türen geöffnet und rückwirkend war es ein ganz großer Gewinn, obwohl es damals eher wie eine Katastrophe wirkte. Übrigens – das Haargummi aus dem Wartebereich habe ich bereits in der Woche, in der ich die neue Plattform gründete, wieder abgelegt. Schon da war mir nämlich klar, dass alles nur ein Zeichen war, dass ich etwas Eigenes gründen sollte.

Das ist auch schon mein Tipp an dich: Wenn du mal wieder einen Rückschlag hast, dann nimm dir von diesem Rückschlag symbolisch etwas mit, und trage es so lange bei dir, bis du erkennst, aus welchem Grund der Rückschlag kam. Wenn du nämlich das Symbol immer bei dir trägst, wirst du den Zwischenfall so schnell nicht vergessen und immer nach der Transformation suchen, und versuchen, etwas daraus zu machen. Mir hat das immer sehr geholfen.

## Unterstützung bei Rückschlägen

Bei Rückschlägen ist man nicht immer alleine in der Lage, diese zu bewältigen. Gerade bei großen Rückschlägen finde ich es enorm wichtig, dass man sich Hilfe sucht. Der größte Fehler, den man machen kann, ist, dass man alleine versucht, sich an den Haaren aus dem Wasser herauszuziehen. Wir wissen: Das funktioniert nicht. Gerade bei den ganz großen Rückschlägen, die auch sehr stark deine Person und deinen Körper beeinflussen, ist es ratsam, professionelle Hilfe aufzusuchen.

Wichtig ist natürlich auch der Rückhalt deiner Familie und deines Umfelds. Doch besonders hier möchte ich dir einen Tipp geben. Wenn man einen Rückschlag erleidet, findet man oft Personen, mit denen man reden kann. Aber meistens ist es so, dass das Umfeld dich dann vor allem bemitleidet und mit dir trauert. Das macht es für mich eigentlich nur noch schlimmer, besonders dann, wenn es sich über einen längeren Zeitraum erstreckt. Es ist wichtig, Dinge zu verarbeiten und mit Menschen darüber zu reden. Aber es ist auch wichtig, aus dem Loch wieder herauszukommen.

Wenn ein Kind hinfällt, dann darf es auch mal weinen. Dann darf man auch mal: »Oje, hast du dir weh getan?« sagen. Aber langfristig sorgt das nicht dafür, dass das Kind aufsteht, weitermacht, die Angst verliert und durchhält. Daher möchte ich dir in diesem letzten finalen Tipp noch einen Satz mit auf den Weg geben, den ich unheimlich wertvoll finde:

---

**Wenn du einen Rückschlag hast und nach Hilfe suchst, dann suche keine Personen, die dich bemitleiden, sondern suche Menschen, die dich motivieren und dir helfen, weiterzukommen.**

---

# 10

# Schlusswort

Wenn du an dieser Stelle angekommen bist, hast du das Buch tatsächlich bis zum Ende gelesen. Das freut mich sehr. Aber es gibt gute Neuigkeiten: Jetzt geht es erst richtig los! All das Wissen, die vielen Tipps und Inspirationen bringen überhaupt nichts, wenn davon nichts umgesetzt wird. Aus diesem Grund bitte ich dich jetzt darum, aktiv zu werden: Schau dir deine Notizen an, lies das Buch gerne noch ein zweites Mal. Überlege dir, was du davon übernehmen und umsetzen kannst. Stelle dir dazu folgende Fragen:

- Womit beginnst du?
- Was wirst du zuerst verändern?
- Welchen Themen wirst du dich in der Zukunft intensiver widmen?

Bevor ich dir viel Erfolg und vor allem Spaß bei der Umsetzung wünsche, habe ich noch eine Bitte an dich: Wenn wir uns das nächste Mal persönlich treffen, vielleicht auch zum ersten Mal, sprich mich einfach darauf an, dass du mein Buch gelesen hast und gib mir gerne Feedback dazu. Ich möchte mich dann persönlich bei dir dafür bedanken.

Und nun wünsche ich dir alles Gute! Wir sehen uns.

P.S: Hey Samira, hey Tion, ich bin sehr stolz auf euch, dass ihr das Buch gelesen habt. Lest gerne immer wieder mal im Buch und versucht, so viele Tipps wie möglich davon umzusetzen. Ich wünsche mir auch, dass ihr viel Gutes tut und andere Menschen an euren Erfahrungen teilhaben lasst. Falls ihr mal nicht weiterkommt, fragt nach Hilfe. Ich liebe euch und werde immer für euch da sein.

P.P.S: Nein, jetzt kommt keine lange Liste mit Danksagungen, die eh keiner liest. Aber ein großes DANKESCHÖN möchte ich loswerden. Das geht an meine Frau Sunny, welche mich seit meiner ersten Photoshop-Stunde unterstützt hat. Ohne diese Frau gäbe es weder Samira und Tion noch dieses Buch. Ich liebe dich!

P.P.P.S: Jetzt hör auf zu lesen und mach dich an die Umsetzung – viel Spaß und viel Erfolg dabei!

YouTube: https://www.youtube.com/user/Calvinhollywood
Facebook: https://www.facebook.com/CalvinHollywood/
Instagram: https://www.instagram.com/calvinhollywood/
Webseite: http://calvinhollywood.de/
Shop: https://calvinhollywood-store.com/
E-Mail: wwdk@calvinhollywood.de

# 11

# Deine Notizen